河北省文化艺术科学规划项目
课题名称：连环画在儿童美术教育中的创作研究（项目编号：HB16—QN040）

连环画在儿童美术教育中的创作研究

◎ 周晶 李薇 郭宇承 著

中国纺织出版社

内 容 提 要

将连环画的艺术形式融入儿童美术教育中具有以下意义：首先，连环画有情节、有趣味、有感染力、图文并茂，可以吸引儿童的注意力。其次，可以让幼儿在愉快的氛围中学习和借鉴传统连环画的绘画技巧，让美术学习不再是单纯的绘画、临摹，还将故事融入绘画中，培养孩子的想象力和创造力。同时，连环画教学对我国传统文化的继承与弘扬，让孩子们在学习的过程中了解我国的传统文化，增强孩子对传统知识和美术课程的兴趣，培养其对美术艺术的欣赏和创作欲望。

图书在版编目（CIP）数据

连环画在儿童美术教育中的创作研究 / 周晶，李薇，郭宇承著 . —北京：中国纺织出版社，2018.1
ISBN 978-7-5180-4751-2

Ⅰ. ①连… Ⅱ. ①周… ②李… ③郭… Ⅲ. ①儿童教育 - 美术教育 - 研究 - 中国 Ⅳ. ① G613.6

中国版本图书馆 CIP 数据核字（2018）第 030266 号

责任编辑：王 慧　　责任印刷：储志伟

中国纺织出版社出版发行
地址：北京市朝阳区百子湾东里 A407 号楼　邮政编码：100124
销售电话：010 — 67004422　传真：010 — 87155801
http : //www.c-textilep.com
E-mail : faxing@c-textilep.com
中国纺织出版社天猫旗舰店
官方微博 http://weibo.com/2119887771
北京虎彩文化传播有限公司印刷
2018 年 1 月第 1 版第 1 次印刷
开本：787×1092　1 / 16　印张：12.50
字数：202 千字　定价：61.00 元

凡购本书，如有缺页、倒页、脱页，由本社图书营销中心调换

前　言

连环画是我国传统的民族文化之一，是文学和图画相结合的经典艺术，以文学作品、民间故事、历史故事等多方面内容为题材，先编成简练的文字脚本，再根据情节绘制画幅。连环画一般通过塑造具体形象反映社会生活，表现一定的社会意识形态，表现形式一般以线描为主，也有中国画、水粉画等多种表现形式。连环画因其文字精练、形象通俗生动而深受孩子们的喜爱，也因此而被引入儿童美术教育，体现出它对促进儿童美术教育的重要作用。

基于此，本书运用理论联系实际的方法，以连环画为基础，详细分析了其对儿童美术教育多方面的影响研究，力求为相关从业者提供帮助，发挥其潜在的指导意义。

本书在编写过程中，得到了来自多方面的关怀和帮助，在此表示感谢。由于时间仓促，专业水平有限，书中存在的不妥之处和纰漏，敬请读者和同道批评指正。

周　晶　李　薇　郭宇承
2017 年 11 月

目 录

第一章 儿童美术教育 ... 1

第一节　美术与儿童美术 ... 1
第二节　儿童美术教育及其教育观内涵 ... 15
第三节　美术教育在儿童发展中的价值 ... 26
第四节　儿童美术能力的产生与发展 ... 34

第二章 连环画艺术形式与发展 ... 51

第一节　中国连环画文化的起源与发展 ... 51
第二节　连环画的艺术样式与作用 ... 61
第三节　近代连环画的风格特征 ... 63
第四节　连环画发展日趋式微的影响因素 ... 75

第三章 视觉文化传播中的连环画艺术 ... 81

第一节　大众文化——读图时代的连环画 ... 82
第二节　流行文化——偶像、影视中的连环画 ... 84
第三节　青年亚文化——视觉自由的连环画 ... 87

第四章 艺术设计对连环画的影响 ······ 91

第一节 现代功能主义影响下的艺术设计 ······ 91
第二节 后现代主义影响下的艺术设计 ······ 92
第三节 当代艺术设计中的文化语境 ······ 93
第四节 数字化艺术设计中的连环画创作 ······ 94

第五章 连环画在儿童美术教育中的特征及其优势 ······ 103

第一节 连环画美术的教育方式 ······ 103
第二节 连环画美术教育的特征 ······ 112
第三节 连环画在儿童美术教育中的优势 ······ 115
第四节 连环画在儿童美术教育中的作用 ······ 118

第六章 儿童美术教育中连环画语言和表现手法的创新 ······ 123

第一节 中国连环画有强烈的东方文化特色 ······ 123
第二节 新时期连环画样式的创新 ······ 125

第七章 "连环画"项目化对儿童美术教育的启示 ······ 145

第一节 注重儿童综合素养的发展 ······ 145
第二节 自主参与和合作创作的原则 ······ 147
第三节 社会的积极关注与支持 ······ 149

第八章 基于连环画的儿童美术创作的教学设计引导模式研究 ······ 151

第一节 教学模式课程设计的理论借鉴 ······ 152
第二节 从连环画的主题内容出发引导儿童美术创作的教学模式 ······ 154
第三节 从连环画的形式规律出发引导儿童美术创作的教学模式 ······ 158
第四节 从连环画的创作媒材出发引导儿童美术创作的教学模式 ······ 160

第九章　基于连环画的儿童美术创作的教育评价 …………………… 163

 第一节　儿童美术教育评价 ……………………………………… 163

 第二节　儿童美术教育活动设计评价 …………………………… 173

 第三节　儿童美术教育活动过程评价 …………………………… 178

 第四节　儿童美术作品评价 ……………………………………… 184

参考文献 ………………………………………………………………… 189

第一章 儿童美术教育

第一节 美术与儿童美术

一、美术与美术的特征

（一）美术

1. 美术的概念

美术，又称为造型艺术、空间艺术或视觉艺术，是人类利用一定的物质材料（如纸张、颜料、布、石、泥等），借助一定的造型手段（绘画、雕塑等），通过独特的艺术语言（线条、形体、构图、色彩等）创造出的静态的、占据一定空间的具有审美价值的视觉形象，以反映客观世界和表达作者思想感情的一种艺术形式。

稍作分析，我们发现美术的概念包含以下几层意思：

（1）美术以物质材料为媒介。从事美术活动，人们不仅要依靠眼睛、手等人体器官，还要借助工具材料，包括绘画用的纸、笔、颜料，雕塑用的刀、泥、木、石等。

（2）美术是"可视"的，它的感知方式是"视觉"。人们在美术活动中通过塑造一定的艺术形象作用于人的视觉感官，带来美的感受。

（3）美术是静止的艺术。美术作品是静态的，它的基本表现形式是线条、形体和色彩，一旦创作完成，它就被固定了下来。

（4）美术形象存在于空间中。无论是二维平面还是三维立体的美术形象，它始终占据一定空间。

（5）美术创作反映自然和社会生活，表达思想观念和情感。美术活动的素材来自自然和社会生活，根本动力则在于人内心的思想观念和情感。

美术主要有绘画、雕塑、建筑和书法篆刻等类型。作为艺术的一个门类，美术和音乐、舞蹈、摄影等艺术形式有相通之处，它们都通过塑造形象来表现客观世界、表达思想感情。同时，美术也有自己的独特性，这种独特性体现在运用的物质材料和表现形式上。声乐运用发声器官，舞蹈运用形体，摄影运用摄影器材，而美术则运用纸、笔、颜料等。音乐的基本表现手段是节奏和旋律，舞蹈的基本表现手段是肢体动作，摄影的基本表现手段是构图、光线和色调，而美术的表现手段是线条、形体和色彩，由此创作出可视的形象。

2. 美术的起源与发展

关于美术的起源，目前影响较大的理论学说有泛灵说、游戏说、模仿说和表现说等。

（1）泛灵说

泛灵说主张原始人心目中的艺术活动及其目的带有神秘色彩的实用动机——巫术，原始艺术的发生是出于捕猎成功或祈求成功的巫术动机，它源于原始人认为万物有灵的思维方式，当人们对身处的世界因为了解有限而充满敬畏时，他们企图用巫术方式去征服和控制自然界，由此产生了最早的人类艺术活动。

（2）游戏说

游戏说支持者认为艺术是"自由的游戏"的产物，当人们不再满足于通过游戏来发泄过剩精力，并把这种游戏和人的形象相联系时，艺术的萌芽便产生了，触发美术创作过程的关键就是自然中存在的美。

（3）模仿说

模仿说的观点是人生来就有模仿的本能，艺术就是对美的模仿，它的动力来自人生而就有的模仿天性。

（4）表现说

表现说强调艺术起源于人类表现和交流的需要，是人类表现自己的思想和情感及与人交流的一种方式,因此,美术也是人类的一种独特的"语言"。

美术起源的学说论点各异,但它们都蕴含了一个共同的要素——劳动。劳动使人类的眼、手、脑协调发展,为美术创作打下了生理基础;在制作劳动工具的过程中,人类开始了最初的美术造型活动,创造能力也获得发展;劳动满足了人类的基本生存需要后,开始激发人类对于精神需要的诉求,这是美术创作的重要动力之一。因此我们说美术的产生和发展伴随着人类历史的产生和发展。

回顾美术发展的历史,考古学中常把原始社会早期的石制生产工具称作原始美术作品,它们经过了人类有意识的加工,物化着人类的智慧和才能,体现着人类的意志和愿望,包含着艺术活动的因素。但严格意义上的美术作品最早产生于公元前45万年到公元前23万年之间,包括旧石器时代晚期人类的装饰品、欧洲的洞穴壁画和一些小型雕刻等。我国已发现的山顶洞人制作和佩戴过的玉箍、石珠等装饰品体现出原始人对美的追求和创造才能,是人类历史上重要的美术遗产。而考古发现的欧洲洞穴壁画中,西班牙阿尔塔米拉(Altamira)洞穴壁画(如图1-1)和法国拉斯考克斯(Lascaux)洞穴壁画(如图1-2)是最著名的两处。前者在1879年被发现,洞穴上画着各种形态生动的野牛、野猪、母鹿、马、狼等动物,并使用了多种颜色;后者在1940年被偶然发现,洞穴中动物壁画向人们展示了原始绘画的巨大气魄,被称为"史前的罗浮宫"。至于小型雕刻,比较有代表性的作品包括法国比利牛斯山上发现的雕刻碎骨片和法国洛赛尔出土的《手持牛角的妇女》(又称《洛赛尔的维纳斯》)浮雕等。

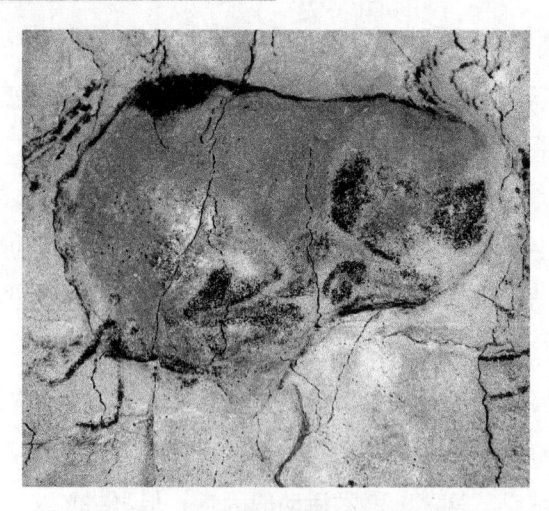

图1-1 班牙阿尔塔米拉洞穴壁画

图1-2 拉斯考克地区山洞中的壁画

进入奴隶社会，文明古国出现了众多美术作品，如巴比伦王国的《汉谟拉比法典》雕塑、古埃及庞大的金字塔建筑和神秘威严的狮身人面像雕塑，同时期古希腊雅典的《掷铁饼者》和《米洛斯的维纳斯》雕像，古罗马则修筑了著名的科洛西姆竞技场和万神庙等。中世纪美术作品的创作受到了基督教的限制，但其高度发展的建筑艺术受人瞩目，其中主要代表是拜占庭罗马式教堂和哥特式教堂。

文艺复兴时期，艺术家们创作了许多体现人文主义思想的杰作，如达·芬奇的油画《最后的晚餐》《蒙娜丽莎》（图1-3），米开朗琪罗的雕塑《大卫》《奴隶》，此外拉斐尔塑造的秀美典雅的圣母形象寓崇高于平凡之中，彰显了对人性的尊重。

图1-3　达·芬奇《蒙娜丽莎》

17世纪欧洲出现了追求激情和运动感表现并强调装饰的巴洛克美术。18世纪，追求华丽、纤巧和精致的洛可可风格影响了整个欧洲，而法国资产阶级革命后，新古典主义艺术运动兴起，随后浪漫主义发端，代表作包括雅克·路易·大卫的《马拉之死》（图1-4）、德拉克洛瓦的《自由引导人民》、吕德的《马赛曲》等。19世纪中期，现实主义美术蓬勃发展，后期印象派则以创新的姿态出现，并随后发展出以修拉为代表的新印象派和以塞尚、凡·高（图1-5）为代表的后印象派。

图1-4　雅克·路易·大卫《马拉之死》　　图1-5　凡·高《向日葵》

20世纪以来，现代美术呈现出了流派迭出、缤纷多彩的局面。值得我们关注的包括强调单纯化和平面化的野兽派、以布拉克和毕加索（如图1-6）为代表的立体派、注重表现主观精神和内在情感的表现主义画派，此外还有以康定斯基和蒙德里安（如图1-7）为代表的抽象主义画派。第一次世界大战期间，伴随达达主义思潮出现了超现实主义画派；第二次世界大战后产生了强调画家行动自由性的抽象表现主义绘画；20世纪50年代中期继承达达主义精神的波普艺术进入鼎盛时期；20世纪70年代，超级写实主义兴起，画家们对摄影成果进行客观的复制和逼真的描绘。产生了许多如照相般风格的写实作品。

图1-6　毕加索《格尔尼卡》

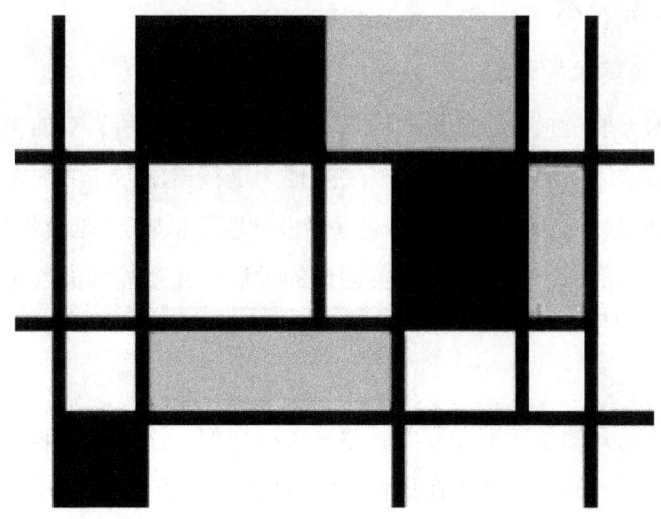

图1-7　蒙德里安《红黄蓝的构成》

（二）美术的特征

通过对美术概念的厘清，我们可以知道美术的本质是运用一定的材料和手段，来塑造静态的、存在于一定空间中的艺术形象，借此表现客观世界、表达作者的思想感情，并带给人们视觉上的美的感受。作为独立的艺术门类，美术有如下一些特征：

1. 直观性与空间性

造型是美术的创作目标和表现手段，任何美术作品都是被视觉感知的、占据一定空间的实体。

2. 瞬间性与永固性

美术作品都是静态的，它无法像摄像作品那样记录一个完整的动态过程，而只能截取其中的一个瞬间。因为物质材料和语言的永固性，美术作品一旦完成也就成为永远固定下来的形象了。

3. 表现性和审美性

美术作品是可视的、外在的，但它表现的却是内在的意蕴和情感，机械的模仿和空洞的描绘都不能称为真正的美术。同时，美术作品要符合审美的原则，带给人美的体验，这种独特的审美效果正是其永恒魅力所在。

二、儿童美术

(一) 儿童美术的含义

儿童美术一般是指处于儿童期的孩子（1～12岁）所喜欢的美术样式。儿童生而具有美术活动的需要，这种需要是他们进行美术创作的内在动力。在美术活动中，他们对自己所感受到的客观世界进行思考和加工，通过操作美术材料，用美术语言表达出来，这是一个审美创造的过程。儿童美术大致包含下面三层含义：

1. 审美思维

儿童很早就开始了审美经验的积累，就在他们一次次注视妈妈的脸时，在他们仔细观察自己的玩具时，在他们随意涂鸦时，在他们有选择地运用颜色和形状时，他们感受着身边的美并逐步形成自己的审美偏好。生活中成人会有意识地对儿童进行审美能力的培养，为他们营造美的环境，引导他们观察和体会身边的美。同时，在环境中儿童通过视觉不断感受和积累美：他们看到的景物、艺术品，他们接触到的美术材料，还有从父母那里感受到的审美态度……都潜移默化地影响着他们审美思维的发展。审美思维的发展是儿童进行美术活动的基础。

2. 操作材料

儿童的美术活动带有明显的游戏意味，因此美术材料在他们手中常常就是玩具，而材料的使用方法也就是玩法。颜料、彩泥、手工纸等都是儿童喜欢的操作材料，在运用这些材料时，他们的好奇心和游戏愿望得到了满足，其美术知识不断积累，美术创作技能技巧也发展起来。

3. 表达表现

儿童美术创作的过程也是他们运用美术语言表达自己所见所闻所思所感的过程。美术是儿童的一种表达方式，是他们的"另一种语言"。美术语言形象生动，比文字符号更早为儿童理解，也更容易成为他们表达表现自我的交流方式。儿童美术作品固然稚拙，却因其表达出儿童纯真的内心世界而显得美好。儿童借助美术表达表现自我，既达到了交流的目的，也满足了他们内心倾诉的需要。

（二）美术与儿童发展

1. 美术是儿童身心发展水平的反映

对儿童来说，美术是他们身心发展水平的外在表现。儿童美术创作经历了这样一个过程：首先，他们在日常生活中运用感知觉积累了视觉经验；其次，他们所产生的情绪情感成为他们美术创作的动力和内容来源，接下来幼儿头脑中感知到的经验形成更为概括和抽象的心理意象，以"结构等同物"的形式被幼儿在头脑中再现出来；最后，幼儿通过操作活动完成美术作品。整个过程中所需要的生理和心理能力都是随幼儿年龄增长而不断发展的。

国外有大量研究证明了幼儿美术与其身心发展水平的对应关系。加德纳（H. Gardner）曾这样说过："2岁的孩子抓起一支粉笔在遇到的任何东西的表面上起劲地涂抹，3岁的孩子则画出大量不同的几何形状，包括谜一般的曼陀罗形状（把一个十字形置于圆圈式方块中），四五岁的孩子则在再现对象方面进行不停地创造与再创造……" 20世纪60年代，美术教育学家凯洛格（R. Kellogg）对一百万张儿童美术作品进行了研究，归纳了儿童美术作品从动作到有意义表征的发展过程。从涂鸦线到图形，再到图形组合，再到曼陀罗形和太阳，直至蝌蚪人和其他图形，在没有外在影响的情况下，几乎所有正常发展的儿童都要经历这样的绘画过程，而且不同文化背景中的幼儿绘画有惊人的相似之处，因此我们似乎可以说儿童绘画形式的发展和他们身心各方面的发展水平是紧密相关的。一些心理测量专家设计了通过美术作品来评价儿童身心发展水平的工具，如美国的古德伊纳芙（F. L. Goodenough）和哈里斯（D. B. Harris）就发展了儿童"画人测验"的常模并以此来测量儿童的智力水平。另外值得一提的是，美术教育家罗恩菲尔德（V. Lowenfeld）将儿童画发展划分为涂鸦期（2～4岁）、前图式期（4～7岁）、图式期（7～9岁）、写实萌芽期（9～11岁）、拟写实期（11～13岁）和青春危机期（13～17岁），这一研究结果和皮亚杰（J.Piaget）的儿童认知发展阶段理论有惊人的对应性。

正因为儿童美术和其身心发展水平的对应性，因此从儿童的美术作品中我们可以在一定程度上了解到他们认知、情绪和动作的发展水平，成人也能借助儿童美术作品更好地了解儿童，以进行适宜的引导。

不过我们也应明白这种美术发展阶段并非一成不变地表现在每个儿童身上，

我们应该看到幼儿美术发展的生动性和灵活性,切忌生硬地用某个阶段理论来评价幼儿。

2. 美术是儿童表达表现的媒介

人人都有表达和交流的需要,儿童在还无法自如地运用语言文字与人交流时,美术作为独特的符号系统就成为他们用以表达表现自己的方式。"儿童有一百种语言",美术就是其中一种。在幼儿园我们常常看到这样一些美术作品,幼儿通过绘画来记录"今天的心情""假日的有趣见闻""我很希望……"等(如图1-8)。仔细品味这些作品,我们发现美术成了儿童的一种自我表达方式,他们通过美术回忆、记录、倾诉、创造甚至发泄。所以我们看待幼儿美术作品时,不能仅仅从美术效果出发,还要重视它的语言功能,透过它来解读儿童。

图 1-8　坐着火箭去太空

3. 美术是儿童获得满足的途径

对儿童来说,美术是他们喜爱的一种游戏。儿童热爱动手操作,在美术活动中他们大胆探索美术媒介,在玩耍般轻松愉快的氛围中获得"动手的快乐"。其求知和探索的欲望得到了满足。美术活动后产生的作品对儿童也是一种积极的肯定,当看到自己双手创造出的线条、色彩、造型、构图生动地呈现在眼前,看到自己的意图变成了富有个性的实物,那种成功的满足感会让幼儿着迷。美术活动对儿童来说是学习,是工作,更是一种积极的娱乐方式,陪伴他们度过了许多愉快的闲暇时光。

的确，美术的过程和结果都能够很好地满足儿童的心理需要，所以儿童才会如痴如醉地投入到美术活动中，并借此获得各方面能力的发展。

4. 美术是儿童素质教育的重要内容

毫无疑问，美术是对儿童实施审美教育的重要途径，在美术活动中儿童感受身边美的事物，欣赏视觉艺术形象，其审美情感被唤醒，心灵受到熏陶。

事实上，美术对儿童的教育功能并不局限于审美本身，它还是儿童全面发展教育的重要内容。第一，美术活动需要儿童观察、思考、理解、记忆和创造，能有效促进儿童认知能力的发展；第二，儿童在美术活动中动手操作，各肌肉群得到了锻炼，身体健康方面也得到了发展；第三，儿童在美术活动中需要倾听和理解别人的意图，欣赏别人的作品，评价自己和他人的作品，有时还会和同伴合作创作，这个过程对于儿童的社会性发展很有帮助；第四，美术活动中儿童需要专注投入，按照需要选择材料和方法，遇到困难想办法解决等，这也是在培养儿童良好的学习品质；第五，欣赏美术作品、发现美术作品乃至生活中的美好一面，能潜移默化地影响儿童各种美德的形成。除此之外，美术渗透到语言、数学等幼儿园课程领域，有助于儿童全面素质的提升。

(三) 儿童美术的特征

1. 儿童美术和成人美术的区别

儿童美术是以儿童为主体的活动，和成人眼中高雅严肃的美术活动相比，儿童美术有其独有的特征。

（1）突出游戏性

儿童美术出自审美的需要，是审美的主客体相互作用的结果，同时，儿童美术也出自游戏的需要，游戏伴随儿童美术的全过程。

从儿童美术发展过程来看，最早的美术行为的发生源自游戏的冲动，婴儿被身边的物象吸引，用眼睛去追寻外部的形象和色彩，这就是审美经验积累的开始。对2～3岁的儿童而言，笔并不等同于成人世界里美术创作的工具，而是一种玩具，它和任何能够留下痕迹的物品具有相同的意义，在和笔与纸玩耍的过程中，儿童开始关注自己的动作和痕迹之间的关系，体验动作及其痕迹带来的快感，这就是涂鸦的开始。随着年龄的增长，儿童开始用身边的各种材料进行造型活动：把饼干咬成一个月亮，用粉笔画一个太阳，用胶泥捏一个饺子，用纸盒和瓶盖做一辆汽车。这些美术活动在儿童眼中都是快乐的游戏。

举例来说，幼儿园里，一位小朋友一边用笔在纸上涂画，一边嘴里念念有词：一会儿发出嘭嘭的声音，一会儿又在描述着什么。走近一看，他正在纸上画着两只战舰交战的场景，随着战斗情节的铺开，他在纸上不断涂画，脸上也露出沉醉的表情。这位小朋友这时的美术活动分明是一次引人入胜的游戏。

和游戏活动一样，儿童在进行美术创作时不仅看重结果，更看重过程。相比最后完成一幅作品，儿童可能觉得创作过程更有意思。尤其对低龄段儿童而言，他们经常在没有想好要画什么的时候已经开始动手去画，他们陶醉地勾画涂抹，尽情想象和创造，在作品完成之前就已经获得了极大的满足，而最后的作品究竟是什么样的反而比较次要了。另外，儿童美术活动通常伴随着愉悦的情绪，从这些意义上说，儿童美术和游戏是同质的。

（2）依赖情绪情感

儿童美术活动较少有强制的功利目的，尤其是那种儿童自发开展的美术活动，完全是发自他们内在的需要，由真实的情绪情感驱动。儿童美术活动一般是再现与情绪情感有关的事物，使自己的愿望得以实现，而较少考虑形式美的因素。

（3）有限的经验和大胆的创造

和成人美术涉及非常广泛的题材不同，儿童美术通常反映的是儿童身边简单的事物及他们生活中的所见所闻和一些简单的知识。在选择的美术工具材料和运用的创作方法方面，儿童也不可能像成人那样丰富，多是用一些粗浅简单的材料和方法。在美术表达的形式上，儿童显得相对单一，多是从简单的绘画、泥工、纸工开始。这些都和儿童生活经验有限密切相关，所以儿童美术作品和成人美术作品相比，有着显而易见的质朴和稚拙感。

但很可能正因为儿童经验有限，才使他们在美术活动中更加自由、更少约束。从儿童美术作品中我们能发现他们不太在意美术技法的清规戒律，也不受客观情理的限制，他们可以天马行空地想象构思，可以大胆尝试不同的美术方法，可以直接透过美术表达自己的思考和愿望。

（4）重在体验操作

儿童美术活动重在操作，操作美术工具和材料对儿童来说既是过程也是目的。了解了这一点，就不难理解为什么一个小朋友可以连续几天都在画架前自由玩色而不知疲倦，也不难理解为什么一个小朋友面对成人围绕一幅美术作品进行的深刻而精彩的解说却昏昏欲睡。因此在为儿童选择的美术活动中，一定要提供充足的材料给儿童，并且这些材料能够满足具有不同发展水平、不同个性特点的儿童的要求。有操作的机会就能吸引儿童，满足他们动手的愿望，也才有可能让他们实现自己的构思以完成创作。

2. 儿童美术特有的表现方式

观察儿童美术作品，我们可以发现当中一些特有的表现方式，它们普遍地存在于儿童的美术创作中，了解这些表达方式有利于我们站在儿童的角度去理解和评价他们的作品，不拔苗助长，不主观强制，给予他们适宜的帮助。

（1）追求秩序和平衡

人们常说儿童是天生的艺术家，这绝非对儿童的夸大吹捧。儿童有天然的秩序感和平衡感，不需要成人刻意教授，就自发学会了用重复、对称、旋转等方式来组织和安排图形，并且构图时总是表现出对秩序和平衡的偏好。

（2）避免重叠和遮挡

儿童绘画作品中有一个有趣的现象，就是儿童最初构图时都会很小心地避免重叠和遮挡。他们会尽量完整地将自己想要描述的东西展现在画面上，即便这个东西本来由于遮挡自己无法全部看到（如图1-9）。

图1-9 房子

（3）让人困惑的地平线

儿童美术创作中对画面水平垂直关系的处理也有其特点。可能是受到感知觉和思维发展水平的限制，他们往往不能全面地感知事物的所有方面，也因此他们画面中的水平垂直关系处理总是以某一个部分作为参照，出现了许多让人看上去很困惑的地平线（如图1-10）。

图1-10 伙伴

在观察儿童绘画时，我们常看到有的孩子一边画一边转动纸，这种绘画作品也往往以多条地平线作为参照。然而我们也可以说，这种多重地平线是儿童美术表达的一个特征，也因此让儿童美术作品充满童趣。

（4）缺少透视

透视构图是美术的一个基本技能，但儿童美术作品很少表现透视，许多少年甚至成年人未经美术训练也无法掌握透视方法，而让画面呈现多视角构图的特点。面对一个立方体，儿童很可能把它画成一个正方形，或者两个并排的正方形。如果没有成人示范，幼儿画的房屋往往只有一个面，即便是试图表现三维的房屋，也通常是并排地呈现房屋的几个面。

至于近大远小、近长远短的透视原理，儿童也很难理解和把握。透视是需要儿童感知觉发展到一定程度后才能领会的，而且需要专门的引导。在儿童阶段，我们无须强求他们掌握，这也是对儿童年龄特点的一种尊重。

第二节 儿童美术教育及其教育观内涵

一、儿童美术教育定义与内涵

（一）儿童美术教育的定义

狭义的儿童美术教育是指教育者有目的、有计划地借助美术手段，遵循美术原则对儿童的美术活动进行适宜的干预和指导，使其在愉悦的氛围中学习感受美、表现美并建立和遵守美术规则的活动。而广义的儿童美术教育还包括儿童在自然和社会环境中受到美的熏陶，潜移默化地发展审美能力的过程。

儿童美术教育是面向 1～12 岁儿童开展的美术教育，它是儿童艺术教育的重要组成部分。

（二）美术教育的两种取向

美术教育的含义可以通过美术和教育两个方面来界定。因为对两个方面侧重不同，美术教育事实上有两种取向：一是美术取向的美术教育，也称为美术教育本质论；二是教育取向的美术教育，相对应称为美术教育工具论。

1. 美术教育本质论

美术取向的美术教育立足于美术本身，以美术为本。通过教学手段传递美术知识和技能，实现美术学科自身的价值，发展和延续美术文化。艾斯纳（E. W. Eisner）作为美术教育本质论的代表人物，认为美术能力不是自然成长的结果，而是成人教育的结果，美术教育应该通过教师系统的教学，使儿童了解美术原理和历史，学习与运用美术概念，发展审美能力，提高美术修养。美术取向的美术教育强调学科中心，儿童美术教育是实现人类美术文化传承这一价值的初级阶段。

2. 美术教育工具论

教育取向的美术教育则着眼于教育，以儿童为本，以美术作为教育的媒介，通过教育实现一般的儿童发展。这种观点强调顺应儿童自然发展，培养儿童审美、认知、情感、意志品质、创造性等多种能力，促进儿童健全人格的形成。许多教育家都赞同美术教育工具论，其中以里德（H. Read）和罗恩菲尔德为代表。

他们认为美术教育应该尊重儿童与生俱来的美术创作潜能,用顺应式的指导方式发挥儿童潜能,保护儿童的创作热情,为他们提供创作的机会,让他们自由表现,从而让他们的心灵得到解放,最终达到个体与社会的和谐。

两种取向的美术教育各有其合理之处和缺陷。前者持美术文化传承和美术知识技能传授的观点。毫无疑问,儿童的美术表达表现是建立在美术基础知识和技能之上的,我们不能剥夺儿童从美术活动中学习的机会,然而过分强调美术本身的系统性容易限制儿童在美术活动中自主性和创造性的发挥,将儿童培养成"美术工匠"。后者持儿童本位的观点,强调让儿童自然发展、自由表现。这种对儿童的尊重是宝贵的,然而过分关注儿童的自我发展,很容易让他们陷入缺乏指导的困境,没有了美术基础,创作也只能是空谈。

(三)儿童美术教育的内涵

在了解了美术教育的两种基本取向之后,我们需要汲取两种观点的合理之处,将它们有机统一起来,在此基础上来理解儿童美术教育的内涵。

一方面,游戏是儿童的基本活动,是幼儿园的重要教育手段,美术游戏作为儿童美术教育的一部分给了儿童充分满足自己、表现自己的机会,使他们在愉快自由的游戏中发展各种能力,为健全人格的形成奠定基础。然而单纯的美术游戏无法实现儿童美术教育的全部价值,还需要成人设计、组织美术教学活动,通过有目的、有计划的美术教学活动增加儿童对世界的特殊经验和了解,培养他们的形体感、色彩感、线条韵律感、材质感、构图感和空间感,使他们在对美术的感受和欣赏、表现和创造中提高审美能力。

另一方面,初步的美术知识技能是一切美术创作的基础,也是儿童美术教育不能回避的问题。儿童美术教育需要通过设计美术教学活动向儿童传递必要的美术知识和技能,在此基础上鼓励儿童进行创造表现。当然,这种技能教授应该以符合儿童需要和发展特点为标准,以促进儿童和谐发展为目标。

从更广的层面来说,儿童美术教育还能够对社会文化氛围产生一定影响,当儿童能够通过美术教育改变自己的生活环境,他们也就在一定意义上实现了美术文化的传承和发展。

二、儿童美术教育的特征

儿童美术教育除了拥有美术教育的"审美性""主体性""发展性"等一般特点,

还有其他一些特征。

（一）以游戏为主要形式

儿童美术教育的主要活动形式是游戏，游戏是儿童最喜爱的活动，儿童美术与游戏在本质特征上有共通之处，所以儿童美术教育可以通过游戏活动进行，游戏活动的开展也可以借用美术的形式。

（二）充分调动儿童的情感体验

儿童丰富的情感是参与美术活动的原动力，因而教师在实施美术教育时要重视调动和深化儿童的各种情绪情感体验。教师应该为儿童创造宽松愉悦的心理环境和充满情感色彩的审美环境，在让儿童观察事物时，要注意和幼儿进行情感上的沟通，使他们产生审美愉悦感，从而让儿童愿意和喜欢通过美术活动来表达自己的情感和想法。同时教师也要鼓励儿童将自己的作品与他人进行分享和交流。在这种交流的过程中，儿童不但与他人沟通了情感，也获得了新的情感体验和满足。

（三）重视儿童的动手操作和多感官协作

儿童美术教育依赖于操作活动。对儿童而言，美术教育主要是在操作过程中进行。儿童在操作活动中通过眼、手、脑的协调活动来体验快乐，感受美，学习和练习美术技能。因此儿童美术教育需要为儿童提供丰富的工具材料和充足的操作机会。

（四）强调儿童创造能力的发展

因为儿童的经验有限，所以在进行美术活动时受到的限制和束缚少，反而更容易表现出强大的创造能力。在儿童美术教育中，教师应该珍视儿童这种创造的天赋，尊重他们对物质材料和自身经验的重新组合和创造性运用；应该跳出成人主观标准、站在儿童的角度来看待他们的美术作品，用欣赏和发展的眼光来评价他们的美术作品。好的儿童美术教师既要善于发现儿童的创造，更要鼓励儿童去创造。

（五）注意教育内容的广泛性和整合性

儿童美术教育是以全面发展为目标的素质教育。儿童美术教育的内容非常丰富，除了专门系统的美术教育，还可以整合幼儿园课程中的许多内容，甚至包括儿童生活环境和大自然当中的广泛内容。美术教育不应该局限于美术学科，更不能局限于美术学科中的某一个门类。从教育目的而言，儿童美术教育不仅指向美术技能，还应积极促进儿童主动性、独立性、创造性的发展，为儿童思维能力、实践能力的全面和谐发展奠定良好基础。

总而言之，审美、游戏、操作、创造和整合是儿童美术教育始终要抓住的几个关键词。

三、儿童美术教育的原则

儿童美术教育要符合儿童教育的一般性原则：客观性原则、发展性原则、教育性原则、活动性原则。因为美术这一学科的特殊性，儿童美术教育还必须遵循以下原则：

（一）审美性原则

美术教育与其他学科教育很大的不同在于美术教育不仅要帮助幼儿获得知识发展技能，还要让他们在美的环境中获得熏陶，发展创造美的能力。因而儿童美术教育一定要符合审美性原则。从儿童的审美特点出发，激发其审美热情，丰富其审美经验，提升其审美能力和创造符合审美的作品的能力。

（二）多样性原则

美术这门学科本身根据美术材料、技法、风格的变化分为不同的类型，而儿童因为天赋、个性的不同在美术学习和创作中也有很多差异，所以儿童美术教育要遵循多样性原则，向儿童提供多样的活动材料和内容，为他们设定多样的目的，对他们进行多样的指导。

（三）创造性原则

创造是美术的根本特点之一，在儿童美术创作中要保护和激发儿童的创造性，鼓励他们自己想、自己做，运用丰富的材料去实现自己的构想，尝试和别人做得不同，追求变化，勇于探索。

四、儿童美术教育的功能

（一）美术和美术教育的功能

作为艺术的一大门类，美术对整个社会的功能主要体现在审美、认识、教育和实用四个方面。审美是美术之所以成为美术的重要特征，因此审美功能之于美术是不言而喻的。美术家将自己的审美心理结构物化成艺术作品，向人们传递美的信息，人们运用自己的审美能力去感受美术作品中的美，在这个过程中美术实现了它的审美功能。"美术是对世界的一种认识"，美术作为一种特殊的描写方式，通过典型的艺术形象反映生活，人们从美术作品中可以穿越时空去认识不同时代、不同地域、不同民族的生活，从而认识真理、认识历史、认识现实，此为美术的认识功能。美术对于人的发展具有重要意义，它不仅能够促进个体审美能力的提高，还是实现人的全面发展的重要手段，此为美术的教育功能。另外，人们运用美术可以为自己的生活创造出更多更美的事物，满足物质与精神需要，建筑设计、服装与服饰设计、产品设计等都是美术实用功能的显著体现。

美术教育是指以美术为手段，按照美术原则，在美术活动中对受教育者进行教育，促进他们美术能力的发展。我们可以从社会和个体两个方面来看待美术教育的功能。从社会层面来说，美术教育有助于培养有艺术修养的高素质公民，而拥有高素质的公民群体是美好社会的一个标志。同时美术教育能间接地对社会文化环境产生影响，有助于形成良好的社会文化氛围，营造和谐美好的社会物质环境和精神环境。从个人层面来说，美术教育拥有重要的美育、德育和智育功能。说到美育，美术教育给人们提供了丰富的审美机会，让人感受美的视觉符号，积累美的愉悦体验，鉴赏美术成果，发展创造美的能力，最终使思想得到升华。说到德育，美术教育通过独特的审美视觉感受方式启发人的道德意识，它能够陶冶人的情操，净化人的心灵，这其实也是人类道德教育所追求的目标。说到智育，美术教育利用美术这个媒介，丰富人的知识经验，启发人的观察和创造能力，实现了人智能方面的发展。

（二）儿童美术教育的功能

我们可以从两个方面来看待儿童美术教育的功能，一方面指向整个社会发展和文化传承的社会性功能，另一方面指向儿童个人发展的个体性功能。

1. 儿童美术教育的社会性功能

我们简要论述儿童美术教育的社会性功能。从社会和文化的角度讲，儿童美术教育能够激发儿童对美的热爱和追求，从他们生命早期开始致力于提高他们的艺术修养，为社会培养高素质的公民，最终实现整个社会的进步。与此同时，美术是文化的重要组成部分，儿童美术教育有助于文化的传播和发展。此外，儿童美术教育培养儿童欣赏美和创造美的能力，使他们能够以审美的立场去优化环境、美化世界。

2. 儿童美术教育的个体性功能

儿童美术教育的个体性功能，也就是美术教育对于儿童各方面的发展所能够发挥的功能。

（1）促进儿童审美能力的发展

发展儿童审美能力是儿童美术教育的基本功能。美术教育有助于儿童积累审美经验，建立审美标准，形成积极的审美态度。通过美术教育，儿童逐渐掌握美术的基本内容，如线条、色彩、构图、造型等，用符合审美的标准进行表现。唯有美术教育能够最有效、最集中地提高儿童的审美能力。

（2）促进儿童智力的发展

儿童美术教育用有趣新奇的刺激方式，启发和诱导儿童去感知事物的外形、结构，有利于儿童右脑的发育，对于儿童早期智力开发很有意义。美术教育调动儿童手脑并用，精细动作发展同样能促进儿童的智力发展。美术教育引导儿童通过美术手段表达自己的所见所闻所感所想，这也有利于启迪儿童智慧。在美术教育的过程中，儿童的观察力、想象力都能得到锻炼，他们不仅扩大了自己的眼界，同时还训练了自己的头脑。

（3）促进儿童动手操作能力的发展

美术活动要求儿童不仅动脑，还要动手。他们将自己头脑中的表象，用符合审美的方式借助双手再现出来。在这个过程中，他们要驾驭美术工具、操作美术材料去实现自己的美术构思，也就发展了自己的动手操作能力。

（4）促进儿童创新能力的发展

发展儿童创新能力是美术教育的重要目标之一。美术和其他学科不同，美术创作没有唯一正确的答案，每个人对生活的感受不同，表达的方式也必然有差异，往往创造性的美术表达更容易打动人心，所以美术教育为启发孩子寻求多个答案、发展发散性思维、养成求异思维提供了条件。

（5）塑造儿童良好的性格

儿童美术教育是陶冶情操的教育。儿童的个性很不相同，有的大胆热情，有的敏感内敛，美术教育中教师可以通过美术作品去影响儿童个性的形成和发展。同时，教师通过美术教育能够引导儿童感受美，发泄情绪，满足其表达表现的需要，这也有助于塑造儿童积极健康的性格。此外，美术教育主要有个别和集体两种开展方式。个别开展的美术活动有助于儿童专注于自己的内心世界；而集体开展的美术活动则给儿童提供了交往的机会，在不同场景中培养幼儿的良好性格。

（6）培养儿童良好的品质

除了对儿童智力因素的影响，儿童美术教育对于儿童非智力因素的发展，特别是良好品质的形成也非常有意义。例如，善始善终地完成美术活动对儿童的坚持性、独立性和任务意识的培养是很好的方法；按照需要合理取放美术材料有助于培养儿童的规则意识和自我服务的意识；认真观察美术作品能培养儿童严谨认真的态度和留意细节的好习惯；成功地完成美术创作对儿童的自信心是很好的激发……

总的来说，儿童美术教育是儿童素质教育的重要内容，从这个意义上说，美术教育和学前教育的其他领域一样能够促进儿童全面健康和谐的发展。同时，美术学科的特征决定了美术教育还能有效促进儿童美术能力的发展，从这个意义上说，美术教育的个人发展功能是任何其他领域的教育都无可取代的。

五、完整的儿童美术教育观内涵

(一) 完整的儿童美术教育观

儿童教育全面发展的目标指明了儿童"体、智、德、美"全面和谐发展的意义。儿童美术教育领域是儿童全面发展教育的重要阵地，确认其在全面发展教育目标达成中的意义显得尤其重要。

讨论美术教育能为儿童全面发展带来什么样的意义，可以从儿童美术教育活动的基本特质维度来考察。

首先是动作性特质。儿童，特别是4岁之前的孩子，其动作发展水平和他们的绘画表达与手工创作有着极其密切的联系。早期儿童动作发展一般遵循先粗大动作、后精细动作的次序，手眼协调能力也在动作发展的进程中逐步得到强化。美术创作，不管是绘画还是手工，都离不开对动作发展水平的依赖。艾斯纳就曾提出："从生理学角度考虑，美术可以发展儿童的肌肉。"如何使得日常的绘画表达与手工制作和儿童的动作发展与特征紧密结合，是儿童美术教育教学过程中需要面对的一个重要课题。符合儿童动作发展规律的美术活动，在有意促进他们动作，特别是精细动作发展的同时，还将有效地保护与诱发他们的表现兴趣。

其次是认知性特质。美术创作的过程是儿童个体的内部思维积极动员的过程。美术创作一般包括信息获取、信息加工以及表象输出几个过程。在信息获取阶段，儿童需要对所面对的审美信息进行剖析、删选；在信息加工阶段，儿童需要激活储备的符号与相应的审美信息进行连接，在大脑中形成每个具体的表象；表象输出阶段也就是日常所谓的创作环节，儿童需要结合活动环境所提供的材料、工具来决定用怎样的方式将表象显性化。在整个创作过程中，认知始终参与其中，它在促成美术创作进行的过程中，也促成了自身的发展。虽然在儿童发展的早期，受个体认知发展水平的限制，认知参与水平比较低，但随着儿童动作发展水平的提高、主观表现意愿的日益强烈，认知参与美术创作的水平也在快速提升并逐渐占据主导地位。

以绘画创作为例，早期儿童绘画表达基本经历如下四个过程：简单组合，或者叫两个图形单位之间的简单组合；复杂组合，或者叫数个图形单位间的组合；同类系列，或者叫一系列图形单位的概念组合；场景表现，即以一些图像组合描述一个事件或场景等。在儿童绘画表达发展进程中，他们的思维参与水平也在经历由具体到抽象、由个别到概括的变化。

可以说，认知性特质是早期儿童美术创作的一个核心特质。

再次，习惯性特质。美术创作既要关注结果也要关注过程，这在学前教育界已经是一个共识。儿童美术创作的过程特征一般表现在两个方面，一是内部的思维加工过程，二是显性的行为表达过程。关于内部思维加工过程这里不再赘述。显性的行为表达过程是指儿童以什么样的行为方式来达成美术创作的目的的过程，包括学习行为、创作行为以及管理行为等。

就儿童的发展而言，作品的呈现有其重要的意义，可以呈现儿童认知、社会性、情感以及动作技能的发展。在创作过程中，美术对于儿童学习品质的形成以及良好习惯的养成有着重大的意义。创作过程中，无时无刻不隐含着怎样与人交往，怎样管理材料、工具与环境，怎样经营创作进程的机会。在美术教育过程中，一旦教师帮助儿童把握住这些机会，并在一贯的合理要求与环境烘托中协助儿童学会坚持，有助于儿童形成学习行为、创作行为、管理行为以及交往行为的动力定型，对其良好习惯的养成必然大有裨益。因此，儿童美术教育的习惯性特质意指要尊重美术创作过程中存在的大量发展儿童良好行为习惯与学习品质的机会。

最后，审美性特质。早期儿童美术创作的过程是审美活动的过程，儿童的美术作品是其投射情感与寄托理想的重要对象。儿童视角的"真、善、美"与"假、恶、丑"等审美体验时常呈现于他们的作品当中。艾斯纳认为："美术能帮助人们批评社会，并以隐喻的方式传达某种价值观；美术能将人带入梦幻和潜意识境界，从而使心灵最隐秘处的思想和情感得以敞开；美术以极强烈的情感力量，培养人与人的亲善关系。"美术教育需要将创作过程与结果、作品的形式与表现的内在相结合，完整地展现创作的审美意义。促进儿童对美的敏感性，培养他们对艺术与美的兴趣，为将他们培养成人格健全完善的个体打下良好基础，应该是早期儿童美术教育的重要目标。

总而言之，儿童美术教育作为幼儿园整体教育的重要组成部分，其内部系统当中蕴藏着儿童"体、智、德、美"发展的大量机会与可能。因此。跨出美术教育的小系统范畴，从儿童整体人格建构与教育总目标的视野出发，对重构儿童美术教育的价值取向有很重要的理论与实践意义。

儿童审美能力发展是美术教育的基本目标，但不是唯一目标，儿童的认知智慧、行为习惯、肌肉动作、自主管理等方面能力的发展也是美术教育能帮助儿童达成的重要方面。儿童美术教育是整合型教育，而不是简单的审美创造性教育。

在完整的美术教育观的指导下，基于儿童发展的美术教育课程构成必须包括美术教学活动、美工区或美工坊活动、其他与教育有关的美术活动和美术教育环境创设四个方面。

一般而言，美术教学活动与美工区或美工坊活动是儿童美术教育课程的基本活动。美术教学活动是一种相对结构高的集体性美术活动，一般包括技能学习导向、表现导向与欣赏导向三种美术教学活动类型。美工区或美工坊活动是一种相对结构较低，儿童更为自主的美术活动类型。美工区活动是相对于传统的区角活动而言，在活动室的某个较小的空间里，利用教师提供的美术工具与材料开展的活动。而美工坊是美工区的一种改进与拓展形式，活动空间更大，儿童更为自主，材料、工具更为丰富。其他与教育活动有关的美术活动是指美术教育活动协助其他教育活动展开服务，起到的是辅助性的功能。美术教育环境创设是美术教育课程展开的重要部分，这是由美术的审美特性决定的。

在完整的儿童美术教育观的范畴之内，审思各个构成美术教育课程的基本要素以及它们之间的关联性，需要有生态学观点的指导。它们是构成儿童美术教育课程生态的生命基点，相互之间存在着动态的联结而不孤立。这种联结依托的是美术材料的运用、美术作品的流动、动作技能与思维技能的内化迁移、儿童的主动参与以及教师的合理指引。任何孤立看待美术课程中各个要素的思维，都将制约完整的儿童美术教育观的践行。

（二）完整的儿童美术教育观指导下几对关系的处理

1. 儿童美术教育领域与其他领域的关系

在学校主题教育课程背景下，儿童美术教育是综合主题教育的重要组成部分，也是儿童全面发展的重要路径。美术在儿童发展中有着多维度的功能，音乐中的图谱、绘本中的图画、科学探究与社会实践记录中的符号等都是美术元素向相关领域的拓展。形象化的绘画符号是儿童学习、探索世界的重要工具，也是美术教育领域与其他领域的重要联结点。儿童在手工制作中与各类材料、工具发生关联，使得发现科学、解决问题以及与同伴交往的机会必然增多。可以说，美术教育为儿童提供了一个很好的发展平台，为相关领域活动的开展提供了适合儿童表达表现的可能手段，而相关领域活动也为美术教育的展开提供了经验支持，使得儿童有可表达的内容。相关领域活动与美术教育之间存在着相辅相成、互相依托的密切联系。

2. 儿童美术教学活动与美工区的关系

儿童美术教学活动与美工区或美工坊活动是幼儿园美术教育课程中两个最为基本的构成要素，是美术教育微系统中互为依托的两种教育活动形式。

美术教学活动是相对高控的集体教学活动。教师通过美术教学活动可以比较高效地向儿童传递必要的表现技能与思维技巧，为儿童美术表达表现提供必要的支持。需要指出一点，学校的美术集体教学活动绝非是教师教、儿童学的单向的、缺少互动性的课堂集体授课，而是需要更好地研究、落实如何在集体教学的实践中引导儿童有效地学、教师有效地教，相互之间要有积极的互动，指向能力、兴趣、习惯发展的美术教学是其根本追求。

美工区或者美工坊活动是相对低控的自主性美术活动。这类美术活动强调儿童在活动中的自主管理、自主学习、自主创作，自主是其本质特征。但是任何活动的发生，都需要必要的技能与经验的积累，会管理、会学习、会创作等需要儿童在相关美术学习活动中获得的能力在自主性美术活动中被激活。这就要求幼儿园美术教育课程的微系统处理好教学活动与自主性活动之间的关系。美术教学活动是儿童获得基本美术学习与创作技能的主要阵地，而美工区或美工坊是儿童自主表达的重要场所，两者之间应是互为支持的关系。

3．儿童美术教育与儿童审美环境创设的关系

这里所指的审美环境是指在学校内部指向儿童审美熏陶的宏观物理环境与指向儿童美术学习和创作的微观物理环境。学校审美环境与儿童的美术教育息息相关。审美教育是儿童美术教育的基础目标，美术是美术教育依托的学科基础。美术是视觉的艺术。从宏观物理环境来看，幼儿园整体物理环境需要经过很好的设计，以呈现适合儿童的美的环境；从微观物理环境来看，充足而有序的美术创作环境将展示美术的魅力，有助于形成环境磁场效应，吸引儿童主动与美术材料、工具发生积极互动，可以促成儿童的有效发展。适宜的审美环境创设是儿童美术教育有效展开的基本条件，符合儿童审美认知发展特点。

4．教师与儿童的关系

美术教师首先是教师，而后才是美术教师，但不是专业美术教师。他们的身份是借助美术促进儿童发展的教育工作者。教师在儿童美术教育课程中的角色是多维度的，是技能传递者、环境创设者、课程设计者、学习评价者和儿童学习的支持者与对话者等多个角色的综合体。教师虽然在不同情景、儿童不同的学习进程中扮演的角色会有区别，但其基本价值导向应是促进儿童在美术教育课程中得到有益的发展。

在儿童美术教育中，儿童的起始能力、学习或表现风格、年龄特征都有所不同。起始能力是指儿童已有的美术表现技能知识水平、参与美术活动的态度以及美术表现所需的生活体验。学习或表现风格是关于个体如何完成学习任务

和接受信息的一些特征，由于儿童存在着生理与心理上的个别差异，不同的个体获取信息的速度以及对刺激的感知与反应等也就不同。儿童在美术表现中的风格是儿童美术个别化教学设计的一个重要方面。年龄特征是针对儿童在各个时期表现出来的认知、动作、社会性、能力、情绪与情感等方面的典型特征。儿童在美术学习中的个体差异与阶段性问题的存在是需要教师在美术教育课程设计中予以尊重的。教师在不同阶段的角色需要在准确定位的基础上能有机会高效转换，这是对教师自身的挑战，也是对儿童美术学习与创作的极大尊重。

5. 儿童美术教育活动中的作品与学习故事采集、分析的关系

完整的美术教育观要求在美术教育实践中关注儿童的整体和谐发展，儿童美术学习中的发展体现在他们的作品表达与活动过程中。美术作品反映了儿童的学习认知、想象创造、审美倾向以及动作技能发展水平，但这不是儿童美术教育中唯一需要关注的。自主、专注、兴趣、协商、合作、坚持等需要在儿童美术学习与创作过程中进行考察的品质也是美术教育的重要关注点。对儿童美术教育的结果与过程进行统整，才能有效地考察其对儿童发展的意义。对美术作品的考察一般使用作品分析的方法。而有目的、有设计性地采集儿童在美术学习、创作中的故事是了解儿童发展的基本依据。

第三节　美术教育在儿童发展中的价值

儿童美术教育的价值定位对教育任务的明确、教育制度的建立、教育全过程的组织都起着指导作用。由于社会对教育界过度的期待、受教育者本身的条件以及教育方针制定者所持哲学观点的不同，使教育价值定位呈多元化特点。这里从以下五个方面去理解。

一、为儿童提供自我表达与交流的工具

现代美术教育的工具论是以里德和罗恩菲尔德为代表的，其理论基础是卢梭的自然主义教育思想和杜威的进步主义教育思想。工具论者认为，儿童美术教育的目的是促进幼儿的发展，因此美术教育要顺应幼儿的发展，并注重过程。

卢梭提倡自然教育，强调要使人的教育适合人的本性。他在论述美术教育

与人的发展之间的关系时，明确地反对临摹，提倡让儿童到优美的环境中去。

杜威（John Dewey，1859—1952）认为，儿童的本能是他们获得经验的基础，而教育就是经验的改造，因此本能可以作为他们的出发点。杜威认为，儿童有四种本能，相应地表现为四种活动：语言与社会的本能和活动，制作与建造的本能和活动，研究与探索的本能和活动，艺术的本能和活动。课程的设置应顺应这些自然的倾向，发展和满足它们，而不可压抑和违反它们。

苏珊·朗格（Susnnne. K. Langer，1895—1985）[①]认为，艺术是一种情感符号。儿童的美术中充满了情感色彩，如前所述，早在儿童使用笔、纸、颜料画画之前，他们的视觉就有明显的对色彩、形状等的审美偏爱，表现出一种情感倾向。到幼儿时期，其心理发展的移情作用在美术欣赏中表现得更加明显，凡是有明显的形式美的、具有类主体结构又符合儿童自身的生活经验、愿望的美术作品就会使他们感到兴奋和满足。有时人们还会看到，一个儿童如果内心有一件重要的事情要表达，那么他在作画时往往非常激动，当然，画面上也就不可能很清晰地描绘所观察的物体。用这种方式作画有很大的价值，因为正是这种美术活动为紧张情绪的排除和大量能量的释放提供了一条途径。完成一幅美术作品本身既是成就的证据，也是表达情感的一种新形式。我们不难发现，几乎每个儿童在画完一幅画或制作出一件手工作品时都流露出一种愉悦的、放松的甚至恋恋不舍的情绪。因此，美术活动过程与美术作品能够使儿童获得满足感，而这种满足感是个人成就感的重要源泉。现代心理治疗中的美术治疗，正是利用美术活动是情感表达和情感需要满足的这一特点把美术作为窥探儿童内心秘密的手段来寻找致病情绪，并把美术作为解开这种致病情绪的钥匙而加以使用的。

对于儿童，美术是其探索美术媒介，并使自我得以肯定的一条途径。儿童是天生的艺术家，人世间能与真正的艺术家媲美的只有儿童，这句话并不过分。年幼的儿童在美术方面常会表现出成人难以想象的才能和潜在力量，他们有天赋的平衡感和秩序感，对具有美感的东西充满追求，对传统文化的无知和对他人行为方式的不敏感使他们在探索美术媒介时比青少年或者成人更为自由，更

[①] 苏珊·朗格，德裔美国人，著名哲学家、符号论美学代表人物之一，先后在美国哥伦比亚大学、纽约大学等校任教，主要著作有《哲学新解》《情感与形式》等。其艺术哲学全面继承、发展和完善了卡西尔的符号论，使符号论美学在20世纪40—50年代达到鼎盛，产生了巨大影响。

少约束。由于儿童不受时空关系的束缚，没有美术技法的清规戒律，也不受客观情理的限制，他们可以在创作过程中完全自由自在地流露自己的思想和情感，表达自己的意愿和对未来的希望。因而，他们的美术作品常表现出没有雕琢过的儿童心灵的纯真，具有直截了当的思考和欲求，这就使其作品有可能达到别开生面的艺术境界，使人们为之赞美，为之倾倒，并使儿童的自我得到充分的肯定。一些人注意到儿童在10岁以后，对美术活动的兴趣以及在美术的技能、技巧等方面都有可能出现衰退现象，这种现象反映了儿童随着认知和情感的复杂性的加深，对美术的平衡感和秩序感出现了退化，这时，儿童更多地用理智去支配自己的美术活动。从另一个角度说，也就给儿童的这种天真、自由的创造活动增加了束缚。

所以我们说儿童所具有的先天的艺术素质，可以在适当的教育的激发和影响下得到很好的发展，而学前阶段是对儿童进行艺术教育的关键时期。

二、发展儿童的创造力和想象力

罗恩菲尔德极力主张美术教育对培养儿童创造力的价值，他明确地说明了自己的观点："在艺术教育中，艺术只是一种达到目标的方法，而不是一个目标；艺术教育的目标是使人在创造的过程中变得更富于创造力，而不管这种创造力将施用于何处。"美术教育除了具备其他学科教育所具有的一般智育功能外，还具有其他学科教育所不具有的智育功能特点，主要表现为给儿童提供一种有别于抽象思维形式的直觉思维，这种直觉思维是感性的，但积淀着理性；还表现为引导儿童对感性形式及其意味的整体把握和领悟，这种引导有益于形象想象等方面能力的培养。

每个儿童都有创造的潜力。在儿童美术发展过程中，从涂鸦期儿童的乱涂开始，逐渐画出个什么东西，并给它命名，到象征期的儿童为事物象征性地再造一个多半是不完整的、粗略的轮廓形象，再到图式期儿童用画来表达多种概念或凭自己的主观经验重新组合、加工变形的画面等，都显示出他们独特的创造力。显然，这种创造力与成人所显示的创造力是不同的。成人的创造力是指其为社会、文化等方面带来的某种质的变革的能力，而儿童的创造力是指创造出对其个人来说是全新的、前所未有的事物的能力。具体地说，儿童美术活动中的创造力是指他们利用物质材料及过去的经验并加以重新组合，制作出对其个人来说是新颖的、有价值的美术作品的能力。这种能力不仅在作品中反映出来，而且从其制作的过程中显示出来。在儿童的美术作品中，成人规定的有关美术创作的许多条条框框被打破，出现一些在成人看来既可笑又非常可爱的现象，如不合逻辑的构思、不合比例的造型、主观想象的色彩、随意安排的空间构图等。这种超常规的、独特的现象，体现出儿童大胆的想象力和神奇的创造力。在儿童的美术创作过程中，他们先是通过感官对外部世界的审美客体进行有情感的感知，继而是视觉和大脑的理性思维对感知获得的审美经验进行加工，伴随审美经验在记忆中的储存，再经过手的技能运作活动，创造性地用作品来传达内心活动，而这一过程又带有明显的个人色彩。因此，可以说，儿童的美术作品及其创作过程充分表现了他们的创造力。在儿童美术教育中，教师引导儿童以自己的眼光观察和感受美术作品的造型、色彩、构图。观察周围环境中事物的结构、特征、运动模式，并通过语言的描述，让儿童把通过审美感知所把握到的整体的艺术形式和自然形式在头脑中形成表象。当儿童开始运用色彩、形状创造形象时，教师又启发他们对自己头脑中的表象进行加工、改造，并加入自己大胆的想象，形成全新的审美意象，运用艺术语言在作品中创造性地表现出来，使得儿童的美术作品显示出稚拙的情趣和成人美术无法比拟的独特魅力；而教师对这种创造性的美术作品的赞赏和鼓励必然会使儿童对美术创作活动产生更大的兴趣，从而更进一步地促进其创造能力的发展。

三、培养儿童的艺术审美能力

儿童的美术活动是一种手、眼、脑并用的活动，美术活动需要他们用多种感官去感知审美对象，用脑去想象、理解、加工审美意象，用语言去表达自己的审美感受，用手操作美术工具和材料去表现自己的思想情感和所见所闻。在教师的引导下儿童学习如何积累内在图式，如何生成绘画所需的心理意象，如何使用美术工具和材料，如何组织画面等形式语言和技能。这种手、眼、脑并用的心理操作和实际操作，促使儿童手部小肌肉群逐渐发育成熟，使手、眼、脑逐渐协调一致，同时也使他们对多种美术工具和材料的使用逐渐变得游刃有余，艺术审美经验逐渐丰富。

儿童美术教育是儿童美育的主要途径之一，教育取向的儿童美术教育的特殊的、主要的教育功能毫无疑问体现在审美方面。具体地说，儿童美术教育旨在培养儿童的审美观点,丰富审美感情,发展他们对美的感受和理解能力。

德国教育家福禄倍尔十分重视美术对儿童美感的培养和性情的陶冶。他认为,绘画对儿童的发展是很有价值的。不论儿童或成人,其绘画的功能都是天生的,都需要进一步发展和培养。儿童爱好绘画,对于绘画有一种本能的欲望,儿童在绘画过程中会感到欢愉和满足。福禄倍尔认为,作为一个终极的统一体,艺术纯然是人的内部的表现。儿童具有艺术修养,并不是说儿童必须专门学习艺术,成为艺术家,而是说他要懂得艺术。由此可见,福禄倍尔将美术教育主要看作是对儿童精神世界中心灵和情操的开发,对儿童心灵美、情操美对于儿童发展的影响赋予了很高的评价。席勒指出,包括美术教育在内的美育,是使人从感觉的被动状态到思想和意志的主动状态过程中的一个不可缺少的桥梁。要把感性的人变为理性的人,唯一的途径是先使他成为审美的人。席勒还指出,现代文化最大的弊病是抑制人性,美育则能弥合人性的分裂,使人性变得完善。美术教育的美育功能是由美术的审美结构和特点所决定的。在美术教育中,儿童在视觉形象的欣赏、表现和创造活动中领悟审美思想和审美形态,从而逐步完善自己的审美心理结构。

儿童视觉审美能力的培养,是通过对儿童实施美术教学而不是美术游戏得以实现的。儿童美术教学虽然还只能局限于较低的层次上,但是同样需要通过形体感、色彩感、线条韵律感、材质感、构图感和空间感等方面的培养,使儿童从视觉形象的欣赏、表现和创造性活动中获得审美教育。在美术教学中,儿童所表现的自由不像其在游戏中那样局限于自身的经验,而是一种经过修正的、理想化的现实。儿童从经验、观念到情感的这一过程在艺术化的过程中得以完成。由此可见,美术教学不仅在现实生活层面上,更重要的是在对美的追求的层面上,使儿童逐渐感受和理解真、善、美,排斥和去除伪劣、邪恶与丑陋的事物,引起儿童的情感律动,给儿童以美的享受和性情的陶冶,促使儿童在认知、情感等方面得到健康的发展。

儿童对于美术有一种自然的需要,他们喜欢涂涂画画,正是这种需要的表现。儿童时期,其心理发展的一大特色是自我中心,因此,他们常常不自觉地把自己的情感投射到客体上,使僵死的无机世界生命化。例如:他们把墙上的一段裂缝看成是一只面目狰狞的怪物,把飘零的落叶看成是离开了大树妈妈的可怜的孤儿,把满天的繁星看成是万盏点亮的小灯,把汽车前部的灯看成是一双眼睛。

这种移情作用为儿童美术教育提供了心理基础，而美术活动则为儿童提供了一个情感沟通与满足的机会，从而使美术活动成为他们喜爱的活动。在美术欣赏教育中，教师为儿童精心选择美术作品，引导他们亲身体验和感受其审美特征，促使他们内心情感与美术作品所表达的生命运动的力的模式达到同构，满足其审美情感的需要，产生审美愉悦，增强他们对审美感受的敏感性。在美术创作教育活动中，教师为他们创设宽松的心理环境和充满情感色彩的审美环境，儿童可以用绘画或手工这种外在的符号形式尽情地、自由地表达自己的观点、抒发内心的情感，感受用美术与别人交流的喜悦，从而获得一种精神上的满足，一种因自我肯定而产生的愉悦感，并由美术这种符号化的人类情感形式泛化到生活的其他领域，丰富和发展儿童的情感世界；按照美的标准和美的规律，将他们感受世界的审美能力转变为内心需要和自我发展的内在动力，成为行为的一种内在自我调节，使其人格得到健全、完善的发展。

美术是通过绘画、雕塑、工艺、建筑等作用于视觉的艺术，它作为审美对象在于审美意识、审美经验的视觉形态化，各种视觉造型的形式因素，如点、线、面、形体、结构、空间、色彩、构图、肌理、材质等，按照一定的构思组合成视觉形象的艺术整体。在造型、造意、造境的过程中，审美理想与审美经验必然凝聚其中，可以说，美术视觉形式无不包含着审美内容，静态中蕴涵着动态的力。在美术教育中，通过对形体感、色彩感、线条韵律感、空间感、构图感、材质感等直接感性方面的培养，使受教育者在视觉形象的欣赏、创造活动中，领悟深层的审美理想、审美形态和审美内容，从而培育自己的视觉审美能力。

四、促进儿童智力发展与全面和谐的成长

一些思想家、教育家也认识到美术教育具有发展智能、培养创造意识和形象思维的教育功能。

法国启蒙思想家卢梭从美术教育的教育学意义出发，更多强调美术教育的智育功能。他认为，美术教育的着眼点不在于美术本身，而在于使儿童获取正确的视觉和敏捷的手法，以帮助他们更好地认识和把握周围的一切。人的发展是完整、全面的，任何教育都应该着眼于人的全面、平衡、健康的发展，着眼于人的潜能的自由、充分的发挥和提高，使之具备健康的体魄、丰富的知识和能力结构、良好的道德修养、高尚的审美修养、充沛的活力，即在体、智、德、

美几方面得到全面、和谐的发展，真正成为富有生机活力的生命个体。而审美教育正是以完整的人为对象，把培养个体的审美修养作为领域目标，把个体的自由、全面、和谐的发展作为终极目标。并且审美教育还渗透于体、智、德各育之中，更好地发挥育人效果。个体道德修养的提高，固然需要一定的外在的规范，但只有当外在的规范为个体内在主动、自觉地追求，融道德于情理之中时，这样的道德才真正有效，个体的道德水平才能得到切实的提高。智育中知识和能力结构的丰富与提高，同样以个体积极主动的探索为前提。体育所追求的健康的体魄，本身便是美的体现。因而，可以说，个体特别是儿童各方面的培养和提高，都离不开美育的因素，审美教育是全面发展教育不可缺少的组成部分。所以，儿童美术教育可以作为儿童教育"各领域内容相互渗透"的载体，也就是说，艺术应为教育的基础。教育的目的是在发展独特性的同时，也发展个体的社会意识。

联合国教科文组织国际教育发展委员会认为，今天，"与这个革命（指科技革命）关联的是，文化运动和艺术运动正强烈地迫使价值与伦理、信息的传递和感知、艺术创作与文化发展等各方面发生变化。所有这些运动都是同时发生的，因而人们说，这是'工业时代双重的文化革命'。这个革命的推动力来自理性与想象的结合，非理性因素和感情因素的结合。事实上，今天的教育家正经历着一件使人着迷的任务：发现如何在理性训练与感情奔放之间求得和谐平衡"。可以认为，审美教育的时代已经来临。

五、作为一种有效的文化活动

广义的儿童美术教育作为一种社会文化现象，也包含对整个社会文化环境间接的影响作用。如通过儿童美术教育和儿童美术作品去影响社会文化氛围，改变生活和生存环境，发展和延续美术文化。

儿童美术教育活动的目标直接或间接地反映着社会文化对儿童美术教育的要求，或多或少地打上时代的烙印。社会在任何时代都有这样的要求，即把社会文化遗产传递给下一代。作为社会文化的一个组成部分，美术历来被视为人类文明的精华和标志，有必要将美术加以传递、保存和更新。美术教育除了激发儿童的爱国主义精神、培养儿童的精神文明行为之外，还在于通过美术教育能对整个社会文化环境产生一种间接的、潜移默化的影响，甚至有可能在教师的引领下直接参加到一些社会性的文化活动中去，影响和改变人类的生存环境。

　　现代社会，工业化、都市化、信息化给人类生存的自然环境和社会环境造成了翻天覆地的变化。时代和社会的巨大变迁，一方面可能意味着由厌烦、沮丧和腐化而导致的个人颓废与社会败坏；另一方面也蕴涵着使个体、群体发挥创造力和表现力的极大可能性。美术教育的社会终极目的在于造就一代有艺术修养的高素质的公民，并在充满挑战和机遇的现代社会中，能营造和谐美好的社会物质环境和精神环境，消除现代文明给人类带来的负面影响。美术是人的情感和思想的载体，它具有体验、交流和共鸣等特征，能使人通过它在感情和思想上形成联系，这种联系往往是超越时空、超越种族的。它能使社会的每一个成员心心相印、息息相通，从而使个体以平等的权利、自由的姿态、独特的方式和快乐的心境介入与他人、群体、社会、历史乃至全人类心灵交流的系统之中。包括美术教育在内的艺术教育，在这方面所表现出来的整体性、超越性、自由性等特征是其他科目的教育所不能及的。正如瑞士心理学家荣格（Carl Gustav Jung，1875—1961）所说，只有在艺术中，人们才理解到一种能允许所有的人都去交流他们情感的韵律，从而使人结合成一个整体。儿童美术教育应使儿童能从美术的角度，为在情感和思想上有资格介入人类心灵交流的系统提供必要的准备。

　　美术是文化的重要组成部分。美术作品不仅是个人的创造物，而且也是产生美术文化的文化制度（社会、政治、道德、经济等）和文化观念（由信仰、认识论、审美观、伦理观等组成的价值观体系）影响的产物。对本民族文化传统的传播和发展，对外来文化的兼容和吸收，从根本上优化全社会的文化艺术环境，形成现代审美文化观念，这是美术教育的一个不可或缺的内容，儿童美术教育也应为此提供必要的准备。

第四节 儿童美术能力的产生与发展

一、儿童绘画能力的产生与发展

对儿童而言，美术能力发展在很大层面上体现为绘画能力发展。绘画是儿童喜爱的表达思想与情感，与人进行沟通的手段。只要身心发展正常的儿童，在他能用笔随意抹画的瞬间起，就自发地运用"绘画语言"表达自我。儿童"绘画语言"的发展是与儿童身心发展平衡的。

根据世界各国的心理学家、儿童美术教育家对儿童心理成长与绘画发展做的许多深入调查和研究，我们一般将儿童绘画能力的发展分为四个阶段：涂鸦期、象征期、概念画期和写实期。其中涂鸦期、象征期、概念画期三个阶段存在于儿童美术能力发展过程中。写实期虽不属于儿童绘画能力发展过程，但它是前三个阶段的延续发展阶段，具有重要意义，下面一并介绍。

（一）涂鸦期儿童绘画能力的产生与发展

1岁左右时，儿童由于能够独立行走，用手探索更为自由，开始用他们能接触到的工具，比如蜡笔、粉笔，甚至瓦片、砖头或树枝等，在能留下痕迹的地方又涂又画，当他们看到自己画或划出来的线条、痕迹时，会感到十分兴奋与满足。在一段时间内，儿童会经常胡乱涂画，成人在这个时候不要粗暴地制止，而要引导儿童在合适的地方涂画，这是非常重要的。

儿童最初的"涂鸦"没有明确的表现意图，不讲究色彩与构图，只是在他们的感知觉、动作有了一定的发展和协调之后做出的新的探索，是一种新的动作练习，基本上属于一种手臂的动作。其根本特点是把"涂鸦"当作一种游戏活动，并享受由"涂鸦"动作带来的快感和新结果——线条的出现。但是当这种新的动作得到强化时，将促使儿童继续探索和练习下去。随着儿童感知与动作的发展和协调程度的提高、练习的深入，画面上杂乱的线条会逐渐变得有条理。对于儿童早期"涂鸦"的发展，国内外众多学者进行了研究，虽然结论不尽一致，但一般都将儿童从开始"涂鸦"到脱离"涂鸦"这段时期划分为四个阶段。

1. 未分化的"涂鸦"

儿童开始画画时，似乎完全沉迷于自己的动作中，满足动觉是其最基本的动机因素。这时，儿童由于动作协调不够，画在纸上的是一些随机的点和杂乱的不规则的线条，包括横线、竖线、斜线和弧线等。这些线条长短不一，也极不流畅，互相掺杂在一起，缺少方向感，常常被涂到纸外。儿童只是将笔握在手中，靠手臂的来回摆动决定线条的方向和长短，不需经由眼的控制，也无需手腕做太多的动作（如图1-11）。

图1-11 未分化的"涂鸦"

2. 有控制涂鸦

由于多次练习，儿童已较能控制自己的动作，手眼之间的协调也在逐渐加强。他们能在纸上画出重复的上下左右方向的直线、倾斜线、锯齿线、螺旋线等，但这些线依然长短不一。这时儿童能将涂鸦线控制在画纸内，注意到了涂鸦线与纸面的配置关系，涂鸦线的周边开始出现轮廓。

3. 圆形涂鸦

随着肩、肘、手腕等关节的发展，儿童开始能注视涂鸦时笔运行的方向，可以在纸上重复地画圆。他们用这些大小不一、封口或不封口的"圆形"表示各种事物。虽然，这时儿童的手的动作还谈不上与大脑高度协调，但可以说明儿童的绘画已具有了某种目的性。这些"圆形"线虽简单，却是儿童首次画圆。

4. 命名涂鸦

儿童在不断涂画的过程中逐渐将图形与线条结合起来。偶然认出某些形状，发现与他们自己经验中的某些事物相似，就给线条或图形起名字。这说明这个时期的儿童已有了明显的表达意图。在涂画的过程中，他们边画边自言自语，说明他们所画的东西。而成人在观看儿童作品时，如果离开儿童的解释，一般无法辨认其代表什么。这一时期，儿童命名的线或形与成熟的绘画造型有本质区别：命名的线或形是在儿童无意识地画出线、形后，发现其与物体的联系后而得名；儿童所画的线条如果失去语言解释就失去了它的意义。另外，儿童开始进行最原始的零乱的构图，他们对画中的形象不做空间安排，画面无上下、前后等空间方位的区分，原有生活中有一定秩序的事物，在画面上看起来都是横七竖八的。

总之，涂鸦期是儿童绘画的准备阶段。涂鸦是一种积极的学习活动，它的一个突出特点是儿童没有明确的绘画构思和目的，以游戏形式随意进行画线活动，也是儿童有意模仿的结果。另外，在涂鸦过程中，儿童的涂鸦是随着动作与手眼协调的发展、认识能力的发展而产生与发展的：由最初不受控制的动作，逐渐到手眼协调地重复画线，再到有控制地画圆，最后手眼协调有控制地画圆；由最初不知笔、纸的用途，逐渐认识到笔能在纸上画出痕迹，而且往往用一支笔画到底，较少中途更换。因此，成人不应将儿童的涂画看成一种破坏性的行为，而要鼓励儿童涂鸦，注意引导，为其提供必要的涂鸦条件，维持或激发其涂鸦兴趣，用合适的方法协助儿童进行涂鸦活动。如在命名涂鸦期可以多问问"这是什么""那是什么"，要耐心听儿童的话，必要时进行一些记录，了解儿童的经验与想法，有助于对儿童进行联想引导。

（二）象征期儿童绘画能力的发展

象征期是一个过渡时期，在 3 岁左右。这一时期儿童的绘画就逐渐地能表达出他们想要表现的事物了，通过极其简单的图形和线条来表现事物的特征。虽然儿童画的物体与真实的客观事物还相差甚远，但是，此时的儿童创造了象征符号，并以此表现事物特征，有了明显的表达意图。这是象征期儿童绘画能力的主要标志。

从造型上看，由于这时儿童能使用的形状有限，类似的形状在每个儿童的作品中或在同一个儿童的不同作品中可能代表着极不相同的事物。所画的图像仅仅是简单几何图形与线条的组合，只具备了物体的基本部分，多半是粗略的、不完全的，整体性不强，结构不合理，人们往往无法正确辨认（如图 1-12）。随着儿童认知水平的提高，图形能够代表的范围会逐渐缩小。例如，圆形在象征早期可以代表各种圆形的东西。除了圆的形状特征以外，圆所代表的事物的其他特征很少能被表达出来。在象征后期，圆开始分化，出现了椭圆。圆与椭圆，不同的圆与不同的椭圆开始代表不同的东西。

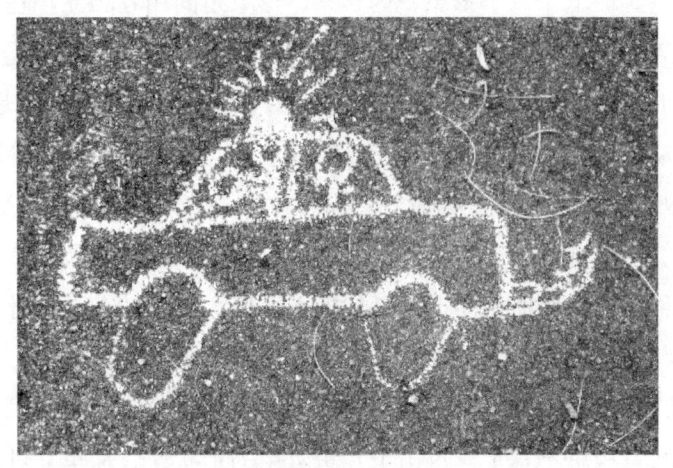

图 1-12　汽车

随着图形的象征意义逐渐具备类别性，象征意义更加狭窄了，图形也逐渐能够表现出事物的多方面特征。这一阶段的儿童开始尝试画人，他们往往用圆表现人的脑袋，用线条表现身体或四肢，好似在圆圆的脑袋上长了细细的尾巴，于是他们画的"人"可称为蝌蚪人。

人是儿童最熟悉的。但是由于受到认知发展的限制。幼儿所画的人在表现形式上与成人的认识有着巨大的差异。如幼儿画人的手指往往只有象征性，因而画出的人手指可以是 4 个，也可以是 5 个、6 个，甚至更多。同样的圆可以表示纽扣，也可以是肚脐眼。有人认为儿童的认知发展低下、技能差，也有人认为儿童采用了夸张的手法，当然，这些都不能成为解释幼儿画蝌蚪人的理由。

从色彩上看。这时儿童的辨色能力提高很快，对颜色开始有了自己的喜好。他们对红色、黄色等波长较长的温暖色比较喜爱，而对波长较短的冷色，如蓝色、紫色等不太喜爱，他们用自己喜爱的颜色来描绘自己喜欢的东西，而把自认为不好看的颜色涂在自己不喜欢或可有可无的事物上。画面上色彩种类在增多，但缺乏色彩的协调。涂色逐渐由无序、不均匀向方向一致、均匀发展。

从构图上看，在儿童的作品中，往往存在不止一两个形象，有时有三四个甚至更多的形象。一般人们将组织画面中形象的方式称为构图。这个时期的儿童在画面上所画的形象较多，不太注意物体之间的大小关系，但已经开始试图表现物体之间的空间关系。

在儿童的画面上，每个形象罗列开来，形象之间相互独立，基本上没什么联系，但能表现出所要反映的主题。有时儿童也会画上一些与主题无关的形象。

从构思上看，象征期恰好是学前初期，儿童在美术创造中的构思是不稳定的。他们往往先动笔，后构思，常常是在涂着涂着时，偶然发现自己涂画的动作痕迹与某物的外形相似，才想起要画这一物体；而且在表现过程中容易受他人影响，原先要画飞机，看见别人画汽车，也就将飞机变成汽车或重新画汽车，绘画内容发生了转移。这说明他们的造型目的性不明确。一形多义是这时儿童构思的一个显著特点。

儿童用圆形表现人的头、四肢、身体等，而且画出形象的含义经常不稳定，主要原因是儿童构思不稳定，也由于儿童运用的形状比较简单，可塑性较强，形状组合一转变就可以变成新的形象。

这一时期儿童绘画能力较之涂鸦期已有了明显进步，他们正处于尝试探索之中，开始运用自己掌握的图形表现物象，并努力用语言去补充自己的表达，思路比较活跃，可变性强。因而，成人应鼓励儿童大胆地按自己的意愿作画，多与他们交流，听听他们说什么。同时，成人也可以引导儿童学会初步观察，以加深印象，这样有助于儿童对形的表现能力及象征意义准确性的提高。

（三）概念画期儿童绘画能力的发展

概念画期又称图式期或形象期。这时的儿童以自我为中心观察现实生活，用画来传达各种概念，多半用线条勾画出二元的轮廓，且形象较为完整。他们开始用一定的图式描画周围环境，建立起了模式比较固定的概念画，经常重复用一定的图式画人。但这个时期"儿童开始真正地运用绘画的方法有目的、有意识地再现周围事物和表现自己的经验"[1]，表现出了非常丰富的想象力，以他们特有的思维方式和绘画表现手段绘画，在绘画中有着强烈的主观愿望。

---

[1] 徐卓娅，孔起英．艺术［M］．南京：南京师范大学出版社，2002．

从造型上看，随着儿童视觉感受力的提高、具体形象思维的发展，画面形状开始复杂化，形状数量增加了，他们试图将简单形状如三角形、方形等以一定的方式进行组织，将部分与部分融合为整体，使其具有一定的表现意义。这是概念画期儿童绘画的基本特征。强调对称、垂直是这一时期儿童绘画的又一个基本特征。他们习惯将人画成左右对称的，使其重心垂直于地平线，显得有些呆板。他们将房子上的烟囱画得垂直于房顶，同样也会将山坡上的树画得与山坡垂直，而不是垂直于地平线。这个时期儿童的写生能力有所发展，这些得益于他们观察能力的提升。但他们在表现三维空间方面还是有一定困难，所表现的物象往往以二维方式体现。

从色彩上看，这个时期的儿童对色彩的感受力（包括色彩的明度、饱和度）提高得很快，对色彩运用的情感范围渐渐扩大，对更多的色彩有了情感反映。同时，他们能按物体的颜色客观选色；在涂色上，由于小肌肉群的进一步发展，用笔更加熟练、准确，能够较随意地涂色，甚至能调出混合色。

从构图上看，随着画面中形象数量的增加，形象间排列的方式也发生了变化。儿童开始注意到大小比例，但分寸掌握较差，经常会将人与动物画得一样大。难以处理近大远小的空间关系。形象与形象间开始有了一定的关系，表现了相应的主题。在五岁前后到六七岁，儿童有时会在画面中描绘一条长线或多条短线作为地面，以地平线的方式来组织画面结构也日趋合理，人往往处在一条线上。马路的两条边线成了儿童描绘树木、房屋、路灯等的基底线，加上这个时期儿童画表现中水平垂直参照体系的出现，导致树木、路灯、房屋等朝向各个方向。随着儿童年龄增长、视觉经验的丰富以及美术表现能力的提高，画面中的基底线逐渐由一条变成多条，直至没有，画面表现的层次感也随之增强。另外，由于儿童在表现三维空间时存在困难，或者说受他们认知水平发展的限制，这个时期儿童特有的构图形式——展开式构图、多视点构图和透明画开始出现。展开式构图是指把从不同角度观察到的事物在一个画面上表现出来；多视点构图的画面体现两个或两个以上的视点；透明画是指由于儿童没有掌握重叠的概念，是在"画其所知而非画其所见"。

从构思上看，儿童逐渐在尝试表现作品的情节或事件，有了明确的构思。他们会先想好再画，一般不会改变最初的表现意图，在画的过程中也会同时进行思考。作品的情节表现经历了由表现无活动的个体或个体独自活动到共同活动与相互活动的过程。画面形象的关系也逐渐能体现出相应的情节，但很多时候也需要儿童用语言解释才能使人合理地了解他们的构思，这一点在概念画初期与晚期的差异比较明显。

概念画期的儿童开始了大胆的作画尝试，成人要理解他们的表现方式，多引导儿童进行观察，鼓励儿童根据自己的想象进行大胆创作，不可一味地临摹成人的模式或画法。对儿童在表现过程中遇到的困难，成人要及时合理地进行指导。在作品情节方面的分析，要尽量客观，多听、多归纳、多记录，这样有助于成人了解儿童在绘画表现上的差异。

（四）写实期儿童绘画能力的发展

随着儿童思维形式逐渐从形象思维走向抽象逻辑思维，儿童绘画也从记忆画、想象画转向自然描绘阶段。感觉的强调与夸张、主观印象的表现等特征逐渐消失，写实主义的绘画表现开始发展起来。

由于儿童在这个阶段视野扩大，其绘画形式出现多样化倾向，所表现的内容更为丰富，对细节的关注程度也在加强。

七八岁到十一岁的儿童绘画阶段一般称为写实初期。七八岁时候的儿童绘画在很多层面上还延续着概念画阶段的特点。但到了九到十一岁，儿童就开始对概念画的作品表示出不满，写实意愿逐渐强烈，开始向逼真、具体、实感的绘画学习。儿童开始关注物象看不见的部分，注意到了物象之间的重叠关系，开始尝试用透视原理表现外部世界，画面中出现三维立体空间轮廓。概念画阶段的多视点构图与透明画构图形式逐渐消失，近大远小的构图能力已经能够体现在画面上，剖面图方法用以表现房屋的室内场景。儿童理性认识世界的能力逐渐占据上风，能够抑制强烈鲜明物象的诱惑。他们对人物的刻画也开始充斥着小学生的经验特质，对称喜好逐渐降低。十岁左右的儿童作画用笔变得大胆、用力、肯定、谨慎，会反复修改，追求工整细致，对色彩、构图等形式美的追求日益强烈，其随类赋色的意识也得到了加强。九岁以后，儿童在色彩的使用方面飞速发展，能够表现出丰富的色彩情感。

十一岁到十四岁，儿童进入写实后期。儿童逐渐从用画陈述事物转变为刻画表现物象，改变了概念画阶段二维平面简化形象的表现方法，力求符合客观对象的视觉真实，凭已有知识经验和主观推理处理形象，能画近大远小的空间关系，写生能力有了很大提高。儿童通过有序观察，能比较准确地把握物象的结构特征，对细节也能有所表现。喜欢临摹是这个阶段儿童的又一个重要特征。他们不再像以往那样痴迷于随意想象地自由画，开始表现出对成人绘画的兴趣和对某类绘画学习的欲望。他们的自由绘画表现的内容多受画刊、动漫或者儿童美术读物的影响。

另外，在儿童进入写实期以后，他们主观的审美意识、审美要求与客观技能不足的矛盾日益突出。儿童关注的是世界本身的事实，但是由于种种客观原因导致他们尝试对生活、自然进行再现性描绘时，表现出很大的困难，进步缓慢。处理画面时，显得很单调，儿童绘画的热情开始面临危机。特别是在十三四岁时，两极分化现象极为普遍。少部分素质较好而且受到良好训练的儿童，其写实的技巧得到很好的提高，他们的绘画开始具有成人写实绘画的面貌。大多数儿童约从十一岁开始，随着自己审美期望的提高加上动手机会的减少，再加上表现技巧也无法让自己满意，而对绘画出现抑制态度，不再像以往一样喜爱绘画，出现了绘画活动的低谷，他们的绘画能力发展也逐渐停滞不前。

总的来说，儿童绘画发展的几个阶段是任何一个儿童都会经历的，但由于受到个体的遗传素质、后天环境的影响以及受教育的差异，而会有后天的个体差异与发展速度的不同。了解儿童绘画的发展阶段及其特征，能有针对性地对儿童开展绘画辅导。

（五）美术教育对儿童绘画能力发展的影响

1. 实践活动是发展能力的必要途径

儿童的绘画能力并不靠成人教，而是在绘画实践活动中逐渐形成的。人们的社会分工形成人们不同的专门能力。如：从事试味活动的人具有灵敏的味觉和嗅觉；从事染色的人具有敏锐的辨色能力；陶瓷工人有灵敏的听觉，凭敲击制品的声音性质来确定其质量；磨粉工人触觉灵敏，用手摸能鉴别粉的精细质量……所有这些事实说明，人们在所从事的实践活动中，经过反复练习使感觉器官不断接受刺激，感受能力得到发展，从而在总结经验中获得技能。

儿童把造型活动作为一种游戏，他们在涂涂、画画、玩玩、做做中发展视觉感受能力和动手能力，在创造活动中发展想象力和思维能力。他们尝试运用各种材料，逐渐了解和掌握材料性能和表现技法。因此，知识和技能是儿童在"做"

中积累的。

引导儿童进行造型活动，特别要注意发展他们的生活体验和视觉感受，因为形象的认识、记忆、想象和创造都离不开观察生活。儿童绘画题材来源于他周围的生活内容，然而在造型时一些儿童却往往不会画形象，其根本原因是没有注意去看，没有有意地识记形象特征。所以，解决造型难点需要先教观察方法，并为儿童提供视觉刺激媒体材料，一般可以通过实物观察、影视资料、幻灯片、摄影或进行环境的实地调查、体验等进行。绘画有法却无定法，表现技法是通过感受创造的。

此外，还要根据现有条件为儿童营造适合活动的环境，提供适合表现的内容。有的儿童很喜欢涂涂画画，但常不分场合到处乱画，影响环境卫生。也有的家长纵容孩子的不良习惯，导致家里无论墙上、床上、沙发上、地上，甚至家长的背心上到处是涂抹的痕迹。对于这种现象，压制儿童的绘画兴趣当然不好，但是任其随意乱画也不好。要解决这种问题最好还是做积极的引导，培养儿童良好的卫生习惯和作画习惯。儿童的造型活动可以多种多样，比如在室外做泥土造型、卵石堆砌、排列图形等造型游戏，也可以将手工制作与绘画结合，将摄影与电脑、绘画结合，将制作与表演结合，欣赏与创作结合，各种综合性活动使儿童从多方面得到锻炼。儿童运用不同的色彩、不同形状的对比进行造型活动，在不知不觉中开启了智慧。通常人们总把艺术与技术画等号，其实有些绘画尽管技术很精到，但毫无艺术性。

此外，还可以启发儿童每天用少量时间画日记，把他们感受最深的事用图画记录下来。绘画作为一种视觉语言，可以发挥文字和语言无法替代的心理调节作用。

2. 启发是培养能力的催化剂

教学中的启发与灌输是相对立的两种观念和方式。也是对待学习者不同的两种认识。从人的发展角度来看，人自身都具有一定的潜能。而且都能在发展中得以施展或实现。因此，重视学习者自身存在的自发性和主动性，用激活的方法启发学生通过积极发现和主动探索进行美术活动，是我们教学实验的重点内容。这种教学思路恰恰体现了美国教育、心理学家布鲁纳（J. S. Bruner）倡导的"发现学习"理论。在他看来，学习者的学习过程不仅是主动地进入对感觉事物进行选择、转换、储存和应用的过程,而且是主动学习、适应和改造环境的过程。因此,教学中充分发挥学生的主观能动性,让学生通过发现、探索去掌握知识和规律,正是人类认识发展的普遍规律。学生不是被动接受知识的容器,而是发现者。传统教学观念认为,学生是受教育者,教师是知识、技能的传授者,学习的过程是教师向学生传授知识和技艺的过程。学生只能按照教师所规范好的一套答案模仿和识记。如绘画教学,由教师示范具体画法,规定作画的顺序和技巧,学生按照教学要求用模仿的方式被动学习。这种传统而古老的教学观念和方式,从表面看容易出效果,能显示教师的技术水平,也能使作业水平整齐划一,达到一种标准。然而,却压抑了学生进行绘画创作的自信。

(1) 教育的目的在于顺应和促进人的发展

第一,相信人具有自发学习的天然倾向,但也取决于影响个人行为的知识。布鲁纳认为:"不论是在校儿童凭自己的力量所作出的发现,还是科学家努力于日趋尖端的研究领域所作的发现,按其实质来说,都不过是把现象重新组织或转换,使人能超越现象再进行组合,从而获得新的领悟而已。"由此说来,儿童画与大画家的画之差别就在于他们认识发展的程度和经验不同,他们所进行的智力活动并没有本质的区别。

然而,从艺术表现本质上看,儿童画是视觉感受的自然流露,是一种无意识再现,也表现他们的认识能力。由于幼儿还画不准形,绘画才表现出那种稚拙趣味和独特、怪诞的效果。儿童画的这些特点儿童自己并不满意,他们更羡慕成人的写实作品。儿童作品所以具有欣赏价值,主要还在于艺术观赏者的审美价值观念。我常遇到这样的情况:一些美术专业的专家教授,尽管他们不从事儿童艺术教育,但是儿童作品却能引起他们的共鸣,产生激动、兴奋的热烈情绪;而我们一些做儿童教育工作的老师,由于自己分辨不出艺术品位的高低,也看不懂儿童画,却常以自己的水平去斥责或任意修改儿童画。在这种情况下,教师的艺术素质成为当前教学中比较严重的问题。

艺术创作最可宝贵的是具有感动人的力量,有震撼力,能拨动人的心弦,并不在于技术上能不能画得和真实对象一样。瑞士画家保罗·克力(Paul Kiee)之所以被称为大师,是他跳出常人的眼光和心态,用儿童那种纯真去看待世界,感悟人生。他能触发人们去回首过去的童年生活,重新体验人生的快乐。

儿童画与大师的画共同具有稚拙美,主要表现在艺术的淳朴与天真,这是他们在艺术创作上共有的特征，所不同的是儿童作品表现的是儿童天然的朴素与纯真；大师的作品却是艺术升华后的朴素与纯真。"朴"不是简单，"真"也不是真实。艺术大师追求艺术返璞归真是一种超越于生活真实之上的艺术境界，而这种境界恰是这些入世不俗的儿童所具有的本我。

总之，相信儿童具有绘画潜能和自发学习的能力，是教学的基本出发点。教学中不断提出问题，引导儿童去注意、去思考，他们就会自己想办法去表现。儿童所以常发出"我不会"的声音，是因为他受到压抑，没有信心。困扰儿童去自发学习和探索的原因是成人加给他的不满和急躁。这也是传统教育培养的一种惰性。

第二，知识的获得只有在个人经验中，通过自己发现，化为己有才有意义。启发是开导的意思，需要阐明事例，引起学生联想而有所领悟。启发教学通常是结论和答案在后，也可以提供多种答案线索，不预先给答案或限制做一种答案。

第三，教学的价值不是单纯学习知识，主要是发展创造能力，以形成独立个性，能适应未来世界的发展变化。推动人类社会向前发展所需要的不只是知识的传承，更重要的是开发和培养创造力。因此，美术教育把培养人的创造能力作为主要目的至关重要。美术活动在拓展儿童思维能力和发挥儿童主体能动性方面十分有效，因为艺术创作本身就是儿童进行思考、想象、尝试和发现的过程。儿童在参与活动过程中，以游戏的方式体验探索的乐趣和成功的喜悦。在学习过程中不断发掘自身潜能，发展观察力、记忆力、想象力和动手实践能力。

传统美术教学划分课类只把命题创作作为创作课，其他技法课一般都以临摹方式传授表现技法，这样做的结果是极大地缩小了学生的创造空间，限制了学生发展创造能力。儿童的视觉语言本身就体现创造性，他们根据自己的生活感受创造象征符号，创造独特的绘画空间形式，创造与众不同的形象，用自己喜欢的色彩去表现……这些儿童自发的创造行为本应通过教学加以肯定和发扬，使他们由创造的自发行为变为自觉行为，从而通过审美教育激活和发展儿童的审美意识和审美创造能力。可以说，美术活动的每一个环节、每一个课业都渗透着创造因素。

艺术表现因人而异，反映不同的感受、不同的爱好、不同人的气质和性格、不同的修养和追求，因此，作品也是多样化的。

（2）启发性教学的方法

第一，根据知识点设计不完全或无结果的问题或情境，使学生有积极思考、设想和探索的可能。美术课的特点是形象性教学，因此。提出问题应结合观察进行。

第二，针对学生作业中的问题，通过观察实物设计问题式情境，使学生能经过思考自己解决难点。例如，学生在画成组物线描写生时，构图方面容易出现不分主次、大小，没有疏密关系，画面零散的毛病。

第三，提供各种线索引发儿童回忆、联想，在儿童相互提示、补充下逐步使他们打开思路，丰富创作内容。通过启发打开思路，在美术创作中是激活儿童思维的一种方法。其中的要点是注意以儿童熟悉的生活为依据，否则儿童就无法思考与联想。

3. 发展个性是培养才能的关键

人们因为民族、性别、年龄、能力、文化、职业等的不同，具有各种心理差异，这是形成人的心理差异的社会性原因。每个人除了具有人类共同的心理特征外，还有个人独有的心理特点。因此，个性差异包括社会性、民族性、时代性以及年龄特征、生理特征等。个性形成由两方面因素决定：一方面是由生理发展形成的，另一方面是由环境习得的。个性，是指一个人稳定的心理特征，如兴趣、能力、气质、性格等。个性的各种特质都是在发展中形成的，也能因发展而转变。因此，个性具有可变性、可塑性。

（1）个性表现

个性表现在美术活动中往往十分明显。首先在兴趣方面，不少儿童生来对美术有特殊爱好，时常喜欢涂涂画画，或用橡皮泥做立体造型。经常的实践活动，使这些儿童较早地显露出美术特长。也有的儿童受环境影响引发兴趣，在环境熏陶下美术能力发展比较快，形成了个性中兴趣和能力的表现。此外，在儿童作品中我们还经常能看到个性中其他方面的特点。

比如，儿童不同的气质往往流露在画面上，我们能从他们画面表现的情感、情节、造型特点和线条的运用等方面去感受和分析。因此，尊重个性表现的评价原则是能包容各种不同表现。人的性格有好坏之分，也是可变的，在绘画活动中注意培养儿童良好的性格也很重要。我们在活动中发现作业成绩好的儿童往往是坚持力强的孩子，能够认真去做，使画面内容表现充分、完整；一些没有坚持力、没有耐心的孩子总不能很好地完成作业，怕累、怕麻烦、贪玩，就画不好。因此，要不断用表扬的方法肯定优点，树立好的典型，激励儿童主动克服不良习惯，培养良好的学习风气。

（2）个性培养

儿童能否成才，关键还在于教师能否尊重儿童的个性。创造型儿童往往具有独特的人格特征。他们敏感、思维活跃、喜欢独出心裁、有强烈的表现欲、自信、好强、勇于创新。鼓励和保护儿童的这些积极因素，就能促进个性发展。传统教育为了维护教师尊严，便于管理，喜欢用统一标准要求学生，用一致性的思维、一致性的表现方法去要求，使学生形成循规蹈矩的思维模式，不敢越雷池一步，造成学生的自卑感，容易使他们缺少信心，依赖心理强，形成机械刻板、容易焦虑的心理特征。

美术教育中发展个性必须因材施教，以使每个儿童能在自身原有基础上最大限度地发挥潜能，从而使每个人都得以发展。因材施教最主要表现在教师对儿童个性差异的认识上。儿童的个性千差万别，影响着儿童的发展方式和发展倾向。教师应能帮助儿童发展个性优势，顺其自然地推动他们向前发展，而不是以个人的好恶去硬性地加以改造或硬性令其服从。一个好教师首先要学会理解孩子，能热心对待每一个儿童。教师具有丰富渊博的知识和修养，才能引导每个孩子走向成功。教师重视儿童个性发展，就会使每个孩子画出各不相同的作品，使每个孩子都能得到发展。

二、儿童手工能力的发展

与绘画一样，手工也是儿童美术创作的重要手段。已有研究发现，儿童手工能力的发展经历与绘画能力的发展经历大致相同。但由于手工属于三维创作，与绘画的二维创作还是有一些区别。

（一）无目的活动期儿童手工能力的发展

由于手工能力的发展比绘画能力的发展更受动作、认知能力以及材料等方面的影响，儿童早期手工能力的发展较绘画能力晚。

2岁左右儿童开始有了初步的手工活动的尝试。但由于其手部小肌肉群发育还不够成熟，认知能力发展也很有限，他们的手工活动没有明确的目的。同时他们不能理解手工工具与材料的性质，也不能使用手工工具与材料。严格意义上讲，这时的儿童手工活动只是一种纯粹的玩耍活动。

美国艺术心理学家郝维茨（Al Hurwitz）认为儿童早期的探索"是动作定向的，它仅仅是接近与拿取材料的动作。这时儿童的行为明显地表现为他仍然不能想象到会有什么样的结果"[①]。在泥塑活动与纸工活动中，都可以看到儿童不能有目的地制作出形象。

他们最初拿到黏泥时只会无目的地拍泥或手握着泥，时而将泥掰开，时而又把泥揉成团。儿童这时把泥当作一种玩具，觉得这种东西和别的东西不一样，很好玩，能够变形，至于要做什么，则很少考虑。起初儿童塑造出来的形象是非常粗糙的。玩泥带来的触觉感与形态的变化，给这个时期的儿童带来极大的满足感。在剪纸活动中，他们最初也是不知道剪刀的用途，只是玩弄剪刀。纸和剪刀不能配合，纸张常常被绞在剪刀里，很难如愿剪出形状。但到了这个阶段的后期，儿童手工能力随着肌肉群的发展、认识能力的提高而发展。他们可以做出圆球，开始用圆球代表身边的各种物体，这和绘画中儿童用圆代表一切事物是完全一样的。

总体上看，这个阶段的儿童应该是没有明确的表现意图的，更多的是满足于操作的过程，自主活动的快感与不同质地的材料、工具给他们带来的极大快感与体验。为儿童提供手工活动的机会，提供安全、卫生、可用的操作材料、工具，应该成为家长的重要工作。

（二）基本形状期儿童手工能力的发展

儿童手工发展的基本形状期大约与绘画的象征期相当。在这个阶段儿童由无目的的动作发展到了有意图的尝试，他们开始有了先想好再做的基本能力。

到了四五岁，儿童随着年龄和经验的渐长，知觉越来越敏感，觉察到的东西越来越多，并注意到物体的细节，他们会进行比较，对动作的结果更加注意。儿童希望做出来的东西与真的东西一样。同时他们手的动作也越来越精细，从手掌动作发展到手指动作，这样塑造出来的形象也就丰富和复杂起来。他们已能塑造出小动物，还能塑造两个以上的形象组成简单的情节。儿童的纸工包括折纸、撕纸和剪纸。儿童纸工的能力较绘画和泥工能力发展较晚一些。一般来说儿童要到4岁才开始学习折纸。而这个时期的儿童很难折出成形的东西，儿

---

① 郝维茨．儿童与艺术 [M]．郭敏，译．长沙：湖南美术出版社，2008．

童学习折纸，需经成人的悉心指导。开始时，他们用正方形或长方形的纸折叠一些简单的物体和玩具，而儿童折纸能力发展很快，到5岁时，能折出比较复杂的东西，而且折得比较平整端正。儿童的撕纸是一个由无意识玩纸到有意识地撕出一定的图形的发展过程。开始时，儿童拿着纸翻来覆去地改或是一点一点地把纸撕成小块；然后他们模仿大儿童在纸上撕出洞，蒙在脸上嬉戏；再后便学着撕一些比较复杂的形象。剪纸也始于自发的练习活动，渐渐发展成有目的的学习活动。一般四五岁的儿童剪出的图形是非常简单的，这时的儿童不大会用剪子，尤其是不会配合剪的动作转动纸。

（三）样式化期儿童手工能力的发展

五岁以后的儿童由于手部精细肌肉的发育，手眼协调能力逐渐增强，加上已经具有一定的手工知识与技能基础，他们的表现欲望很强。他们不仅喜欢使用各种工具材料，其熟练程度也有很大的提高。

在泥塑活动中，儿童能够搓出各种弯曲、盘旋的棒状物，还能借助一定的物体进行有细节的物象造型。如儿童可以借助月饼盒与自己做的方形、三角形以及梯形的泥块建造房子，他们能用较为流畅的方法进行连接，使得制作的物品的整体性能提高。他们能借助辅助工具表现物象的细节、特征。他们能做小蝌蚪，也能做小青蛙，包括细长的蝌蚪尾巴与小小的青蛙脚，能用牙签、树枝为小动物、人物刻画眼睛、鼻孔甚至毛孔等。大多数儿童开始出现独立式的圆雕作品。在纸的运用方面，儿童在教师或者其他成人的辅导下，可以在剪纸、折纸、纸的干塑与湿塑等方面开展有效的活动。他们不仅能连续剪直线，而且能剪曲线。剪窗花可以在这一阶段进行尝试。在教师的引导下，儿童可以通过纸工操作的示意图进行美工创作。他们捏、揉、挖、连接、粘贴、编织、扎、染等的技能已经比较熟练。所以从这个阶段开始，可以大幅度扩展儿童美工活动的类型。

随着儿童年龄的进一步增长，特别是到了八岁以后，他们手工表现的精细化程度将进一步提升，兴趣范围进一步扩展。

总体上看，儿童手工活动要经历随意玩耍和娱乐游戏阶段，模仿、体验和尝试阶段，学习、想象和创造阶段。儿童的绘画与手工的发展有着不可分割的内在联系，所以我们在儿童美术教育活动中，要注意绘画、手工能力发展关系的内在联系，如在石头上进行造型创作、在纸的干塑作品上描绘等，这样有助于提高儿童的智力与造型活动能力。但绘画属于平面造型，手工则很多是属于立体形态的创造，是三维立体的。由于儿童身心发展的水平具有阶段性特征，儿童掌握绘画进行二维造型要早于手工三维立体造型。

三、儿童美术欣赏能力的发展

（一）婴儿的感知

从出生到两岁左右，儿童的一般感知能力与审美感知能力还没有分化。对他们来讲，艺术品呈现是一般的刺激物，只能促进其一般感知能力的发展。

（二）符号的认识

这个阶段是儿童审美感知发展最复杂、最有特点的阶段。

儿童关注美术作品内容高于形式，对作品内容的把握往往还是肤浅层次上的感知、理解，不能深入感知、理解美术作品的内容所蕴含的意义，仅仅局限于画面上画了什么内容。在对美术作品的形式审美特征方面，在成人的影响下，儿童也开始关注而且有了初步感知理解作品的能力。他们倾向于把线条、形状与具体形象联系起来联想。两到七岁的儿童还没有形成美术风格与美术技法等概念的表象。如果请他们将一些美术作品进行分类，儿童往往不是根据美术作品的风格进行分类，而是根据美术作品所展现的事物的种类来分类。

儿童在这一阶段还表现出对一些美术作品的明显偏爱，他们喜欢有着鲜艳、明亮色彩的美术作品，喜欢表现自己熟悉事物的美术作品。

在审美评价方面，作品画得像不像、作品的绘画技巧、作品的形式特征（色彩、形状、整体构图）、对作品的熟悉程度等是这个阶段儿童审美评价的主要出发点。

（三）"写实主义"的高峰期

加德纳在他的《儿童的艺术品知觉》一文中描述了这个阶段儿童典型的审美感知特点。他认为："初入小学的儿童不久便超越单纯的偏爱，而开始欣赏艺术符号的表现特征和风格特征。这样一种欣赏能力的飞跃，可能是一定的社会或者一定环境背景的实情。确实，七到九岁的初入学儿童在我们的社会中表现出一种拘泥于字面意义的高峰期。儿童不仅继续直接通过艺术品看它们表现什么，而且他们这种僵化的思维方式严格而全面地充满了所有尺度。"

"写实主义"阶段的儿童对一幅表现现实的美术作品进行评价时,往往会以这幅美术作品在多大程度上反映出他所感知的现实为标准,以"像""逼真"或者"不像""假的"等词汇进行评价。同时,他们的艺术偏爱也是僵化的,习惯于用物体的固有色进行色彩表现,否则会认为是错的。但是这个时期儿童审美感知的"写实主义"与富有想象力的潜质是同时存在的。社会审美文化环境在一定程度上对儿童审美心理的发展产生影响,部分儿童开始排斥艺术,有的儿童甚至将美术等视为别人的东西。这些因素在一定程度上影响了儿童审美欣赏的发展。

但在小学初始阶段,儿童除了特有的"写实主义"审美特征外,也还有有利于审美心理发展的潜质。儿童有时也会自觉地修正审美欣赏的范围甚至标准,当然教师、家长以及社会文化的导向对他们的影响很大。因此,对于这个时期的儿童,学校与社会需要给予正确的引导与帮助,对其美术欣赏知识、审美评价等进行指导,帮助儿童建立积极的欣赏态度与审美标准,使其力图超越"写实主义"审美评价,提高美术欣赏能力。

(四)"写实主义"高峰的衰退和审美感受性的出现

到了小学高年级,儿童的"写实主义"特征就自然地分解了。儿童在掌握了语言规则与相关的文化符号系统之后,使自己的知识获得与运用能力得到很大提高。他们阅读时不仅仅局限于字词、图片等,对文字、图片中富有意义方面的特征开始给予较多的关注,对表面意义的关注相应减少。这是这个时期儿童的审美心理发展的典型特征。

加德纳等人的研究表明,这个时期儿童对艺术风格的敏感性明显提高,同时说明了儿童出现新的审美能力。如小学五六年级的儿童能够以画面线条的质量所表达的内容为分类标准将美术作品分类。他们开始理解美术作品的美学特征,并关注美术的线条生成、色彩搭配、透视画法、明暗等其他的效果。他们对学习表现这些效果的方法、课程产生兴趣,对美术训练课程表现出极大的开放性和感受性,开始出现了对特定艺术家与艺术品的偏爱倾向。可以说这个阶段是对儿童进行美术知识技能教学的最佳时期。

儿童美术能力的发展是一个连续的过程,全方位地了解儿童美术能力发展的一般特征,对于开展学前美术教育活动大有裨益。

第二章 连环画艺术形式与发展

第一节 中国连环画文化的起源与发展

连环画作为一门群众喜闻乐见的艺术形式曾经有过非常辉煌的历史,曾得到鲁迅、茅盾等前辈大师的大力倡导。其艺术魅力和历史意义是永远无法被取代的。中华人民共和国成立后,在党和国家的关心扶植下,从20世纪50年代起,连环画的发展步入了一个高潮,各种优秀作品层出不穷,连环画艺术的魅力深入人心,它伴随着几代人的成长,见证了新中国发展的历史。进入20世纪80年代后期,由于种种原因,连环画的发展到了一个低谷,优秀作品难得一见,创作队伍也渐渐散失,在孩子们的世界里充斥着来自欧美、日本的洋卡通形象。在经过了一段时期的低迷后,自2000年起,中国连环画又逐渐被重新认识和重视,一些出版社也开始重新出版、印刷历年的优秀连环画作品。

连环画渗透着中国传统文化的优点,造就了一大批优秀的画家及脚本作者。中国连环画源远流长,但长期以来未能形成一个独立的画种,而是隐身于各种绘画形式当中,成为各种绘画的一部分。

因此,我们要了解中国连环画的发展源流,很难从纵的时代嬗替中理出一个编年史,只能从横的方面在各种绘画形式中搜寻它的存在,发掘两千多年来先辈们创作的各种辉煌灿烂的艺术成就。

连环画在世界上不少国家中流行,像美国、日本、法国、比利时等国长期以来有大量连环画出版。一些有影响的连环画如美国的《华伦王子》、《米老鼠和唐老鸭》（如图2-1），日本的《铁臂阿童木》（如图2-2）、《阿信》、法国的《贞德》、《世界的发现》，比利时的《丁丁历险记》及麦绥莱勒的木刻连环画等，都曾先后被介绍到中国来。中国的连环画在国际文化交流中也日益受到重视，有多种作品译成外文发行国外。1984年在瑞士第一届国际连环画节上，中国有14部作品参加展出，获特别荣誉奖。

图2-1 《米老鼠和唐老鸭》连环画

图2-2 《铁臂阿童木》连环画

我国的连环画起源很早，究竟诞生于何时，无人知晓。我国古代除了画在墙壁上的连环画以外，还有刻在石头上的连环画。屈原的《天问》就是看了楚国神庙中描绘神话故事、历史传说的壁画之后题在壁上的诗篇。敦煌壁画中有许多"经变"、"佛传"故事等，都可称为古代连环画的范本。石刻连环画最早见于汉画。后来发展到唐宋时代，出现了内容丰富、生活气息浓厚、人物造型世俗化的大足石刻。大足石刻用浮雕、高浮雕、圆雕描绘了佛传故事和各种"经变"，而且多数配有文字说明。它是以石头作纸，凿子作笔，匠心独运，因地制宜，随物赋形，巧夺天工地在悬崖峭壁上镌刻下流传千古的连环画。

20世纪50～60年代是连环画的辉煌时期，而且这一时期出版的连环画，收藏价值都极高，如《水浒传》、《三国演义》、《西游记》等作品都炙手可热（如图2-3）。到20世纪70～80代连环画达到了成熟的顶峰，出现许多经典版的连环画，其间诞生了《红楼梦》、《杨家将》等一大批优秀作品（如图2-4）。在这一时期了出现的具有较高收藏价值的连环画，基本上都有一个共同的特点，即名家手笔。多采用线描手法绘制，画面精致，创作的人物形象逼真，线条生动流畅，印刷十分精美，题材、内容老少皆宜。我们还看到，无论承载文化的媒介是什么，只要是经过时间的清洗，留下来的东西总是最有价值的。

图2-3 《三国演义》连环画

图 2-4 《红楼梦》连环画

大家对于连环画定义的看法不同，因而对何时已有连环画的认识也就有所差异。我们所掌握的古代绘画史料仍在不断发掘之中，所以对这一问题的认识也在不断发展和变化。由此，对于中国连环画究竟诞生于何时，人们众说纷纭，但是人们在许多文章中都会提到鲁迅对连环画发展的功绩，鲁迅对民间美术和大众美术十分重视，其思想和中国共产党的文艺思想有许多内在的联系和血缘关系。因此在他的影响下，一些大众的美术形式一直受到重视。因此在延安时期出现了许多木刻的连环画，成为当时宣传工作的一支重要的力量。

连环画又被称作"小人书"，是我国传统的艺术形式。其中一个含义是指它主要为儿童所阅读；另一个含义是指画面上出现的人物形象比一般单幅画的人物形象要小。优秀的连环画作品无不以刻画出具有典型性的人物形象而获得艺术生命力。像中国现代连环画的一些名作，如《三毛流浪记》、《鸡毛信》等作品，都成功地塑造了人物形象，深刻地表现了作品的内容。自1986年以来，"小人书"异军突起，以其独特的选题、精美的装帧、珍贵的价值、广博的知识、跨时空的信息容量、可观的发行量等引起了人们的注目。从20世纪30年代以后，连环画红火起来，它以图文并茂的形式深受广大读者的青睐。在这一时期出现了朱润斋、周云舫等在连环画方面造诣颇深的名家。

第二章 连环画艺术形式与发展

中华人民共和国建立后，连环画作为一种通俗的传播文化的艺术形式得到迅速发展。这时的连环画配合宣传的需要，大都以土地改革、爱国增产、抗美援朝、宣传宪法、婚姻法等国家大事为题材，但同时一些古典名著、历史故事、民间传说为内容的连环画也因为制作精良而大受读者欢迎，代表作有《三国演义》、《水浒》、《红楼梦》、《牡丹亭》等。这个时期实际上也是连环画历史上的黄金时代，精彩纷呈的连环画作品争相问世。在连环画界也出现了"四大名旦"（沈曼云、赵宏本、钱笑呆、陈光镒），"四小名旦"（赵三岛、笔如花、颜梅华、徐宏达），"南顾北刘"（顾炳鑫、刘继卣）等名家。赵宏本、钱笑呆的《孙悟空三打白骨精》雅致细腻，栩栩如生；王叔晖的《西厢记》隽永飘逸，惟妙惟肖；刘旦宅的《屈原》质朴凝重，遒劲奔放；丁斌曾、韩和平的《铁道游击队》气势磅礴，引人入胜；杨逸麟的《青春之歌》色彩鲜明，独树一帜；聋哑画家毅进的《钢铁是怎样炼成的》笔触生动，振奋精神；贺友直表现湘西农村题材的长篇连环画《山乡巨变》被誉为"中国连环画史上具有划时代意义的作品"。

从理论研究的角度来看，连环画究竟诞生于何时，并不十分重要，而应该着重弄清楚它是怎样诞生的，诞生的历史条件和社会背景是什么，这对于我们进一步认识连环画的本质是很必要的。所以，我们应该从理论的角度，而不从历史考证的角度来探讨这个问题。据历史考证，上海在20世纪50年代初期改造旧连环画的工作中率先起步，并一马当先作为现代绘画史上连环画创作和出版的基地。1951年1月28日，《人民日报》报道："广大群众喜爱的通俗读物新连环画遍销全国各地，其中销量最好的要属《解放大上海》《百万雄师下江南》"等。同年4月，在上海举办了"连环图画展览会"，通过展览会研究40年来连环画发展的总趋势，研究1949年以后旧连环画的改造与新连环画的发展。其中对旧的绘画形式的改造，首先是从最为普及的年画、连环画开始。到了1950年，已出版连环画50种。

解决连环画的诞生这一问题的最好办法是抓住连环画的论证材料和根本特质去考察，否则，就很难把问题说清楚。连环画以内容具有故事性和形式具有连续性为根本特色，是文图相结合的艺术，而根据研究和认识，中国连环画的诞生恰恰是在故事画和连续画的基础上发展形成的。

所谓故事性的绘画，是绘画和故事相结合的产物。在我国可说有悠久的历史，据《孔子家语》记载：早在春秋后期，孔子曾参观过周代都城的明堂（相当于今天的礼堂），那里就绘有"尧舜之容，桀纣之像，而各有善恶之状"，以及周公抱着年幼的成王接受诸侯朝拜的壁画。其中也有鲧、禹治水和共工怒触不周山等传说故事图画。到了秦、汉，这种以故事为内容的绘画就更多了。可惜绝大部分由于年代久远，多已湮没，但保存下来的东西也还不少，如帛画、墓室壁画、漆画等。

故事性绘画可以从以下几个方面来讲：

古代帝王传说故事，如伏羲、神农、黄帝等。历史人物故事，如孔子见老子、侠客、列女等。以上故事画，最初多是单幅绘画，只能表现故事的某一个侧面，无法表现故事发展的全过程，因此受到很大的限制。为了克服这个矛盾，这种故事画便很自然地和中国早期绘画的另一种表现形式——连续性的绘画结合起来。

神话传说故事，如西王母、东王公等。所谓连续性的绘画，即在一个画面上表现出各不相同却又互相关联的生活场景或人物活动的绘画形式。如战国时期的《水陆攻战纹图鉴》、马王堆汉墓出土的《导引图》等。它虽具有连续性，但缺少故事性。故事画和连续画结合在一起，便产生具有连续性的故事画。最初，连续情节多出现在一个画面上，后来才区分为若干相连接的画面，中国连环画便由此诞生了，或者说中国连环画的雏形出现了。

故事画和连续画的结合，实质上是我们前面提到的文和图相结合的进一步发展。因为文学故事的人物刻画和丰富情节为连续性绘画提供了构成基础；连续性的绘画则使文学故事得以更直观、更形象、更具体的表现。当然，单幅故事画也属文和图的结合，但这是一种简单的结合，或者说是结合的初级形式。自从有了连续性的多幅故事画以后，文和图的结合，便成为复杂的结合，或者说是结合的高级形式了。因为它不仅扩大和丰富了作品的内涵，而且也大大增强了作品的艺术感染力。它已是正在孕育成长并最终将和母体分离的一门新兴的艺术品种了。造型艺术由于表现出来的形象是静止的，是人物在特定空间一瞬间的活动，或是一件肖像造型，所以，它长于象形赋彩，短于叙述故事。

据说，唐玄宗时吴道子于景公寺画地狱变相，京城很多人去参观，都吓得不敢吃肉饮酒，市上肉店酒肆没有生意可做，只好关门歇业。这幅地狱变相究竟具体画的什么，可惜没有记载。如今可见的传说为吴道子所绘的"地狱图"，经考证亦并非真品。但我们从唐代文人杜牧所作《杭州新造南亭子记》一文中关于地狱变相的描绘，或可见一斑。杜牧在文中写道："刑狱皆怪险，非人世所为……其尤可怪者，狱广大千百亿里，积火烧之，一日凡千万生死，穷亿万世，无有间断，名为'无间'。夹殿宏廊，悉图其状，人未熟见者，莫不毛立神骇。"这样一个地狱世界，单幅画是很难表现的。而且，当时许多变相都有题榜，即说明文字，也可证明所绘内容是相当复杂的，否则何须文字解说？

联想敦煌石窟保存的唐代精美壁画很多都是连环画，我们有理由猜测吴道子画的许多地狱变相，很可能有些就是连环画。他所描绘的画面一定很可怕，否则不会使人看了连吃肉和饮酒都戒除了。由此可见文图结合起来，特别是以连环画的形式叙述故事，可以取得多么强烈的艺术效果！我们可以由此推想其他类型连环画的诞生，也大致是这样的过程。因此，我们可以说连环画艺术的诞生，是顺应历史的要求，使文图相结合，产生更强烈的艺术效果，对于连环画的认识，亦是如此。这是由于任何事物，都有其多种属性，人们常把握其一端，而忽略其他。另外，事物又常在不断发展和变化之中，我们对于事物性质的认识也常在不断发展和变化。特别是像连环画这样的边缘艺术，带有很大的模糊性，要科学地界定就更非易事了。

因此，有人主张研究连环画理论，不必从定义出发，你认为它应该是什么样，就依照你的理解去做，不是可以更好地贯彻"双百"方针吗？这话固然有一定的道理，但如果我们把连环画作为一种学科来研究，特别是作为基础理论——概括来研究，总应该把关于定义的不同认识加以介绍，使读者能够进行比较，求同存异，展开讨论。另外，作为一个理论研究者，对问题的探讨，也总该提出自己的观点和看法。认识不同，可以争鸣，回避难题的做法，却是不可取的。

从一些文章和人们言谈中，首先，我们可以知道对于连环画是属于绘画的一种还是一门独立的艺术，有两种看法：一种意见认为它是绘画形式的一种，即以多幅连续图画叙述一个故事或事件发展过程的绘画形式；另一种意见则认为它既不属于绘画，也不属于文学，而是一种文图相结合的独立艺术。目前，在连环画界和读者当中的大多数人，都持前一种看法。这是因为中国连环画的传统以绘画为主，画家的劳动起着决定性的作用。它长期以来隐藏在各种绘画形式之中，真正在绘画品类中占有一席的地位，也还是中华人民共和国成立后的事情。对于一般读者来说，他们见到的连环画读物，因文字脚本已基本上融入绘画之中，文字只起辅助作用，读者便以欣赏绘画为主，因而也很容易持此看法。但是，对于这种看法，人们也难免提出种种质疑：你说它属于绘画的一种，可是许多画种（如国画、素描、版画、油画、水彩、水粉等）都可以用来画连环画，这岂非自相矛盾？是否意味着这种界定缺乏严密的科学性？实际上，它自与文学结合之后，早已不是单纯的画种了。谁都知道，当前，一部连环画是由脚本作者和绘画作者共同来完成，它的特点是图文并茂，怎能说它仅仅是属于绘画形式的一种呢？为了克服这些矛盾，有人就提出连环画必须建立自身的连环性，使画面脱离文学，形成直观的延续，成为一种"连环性的绘画"。这就背离了连环画文图结合的基本规律，不仅不能克服矛盾，反而走向狭隘的小胡同里去了。另外，在连环画的表现手段方面，也早已不仅仅限于绘画的形式。如采用摄影的方法，就是今天连环画常用的手段，不仅出版了剧照连环画，电影、电视连环画，近年来还出现了"摄影小说"这个新品种。

所以，从这个意义上讲，连环画的"画"，今天也不能限于"绘画"的理解，还应包括"图像"的含义，再说它仅仅是一个画种，当然就很不够了。从上述种种论述来看，说连环画仅仅是绘画形式的一种，显然已不是准确的科学的界定。而且，这个界定不仅不能准确地说明问题，还限制了连环画事业的发展，不能等闲视之。然而，连环画究竟能否冲出绘画的范畴，成为一门独立的艺术呢？目前持此看法的人，虽然还不算多，但它具有很强的活力，将越来越被人们所接受。因为连环画发展到今天，不管你承认不承认，在文图结合的规律支配下，实际上它早已成为一个独立的艺术品种了。它有众多的从事这项业务的工作者，包括编辑、脚本编者、绘画作者等一大批专业的队伍。这一业务，既非绘画界所能包办，也非文学界所能兼顾，它的发展和兴盛主要依靠长期以来在连环画界忘我奉献的那些人。在广大的读者心目中，连环画也早已成为一种独特的出版物，读者从中可以得到文图相结合的独特的艺术享受，这是其他任何艺术品种无法代替的。另外，近年来连环画的理论研究也有很大的发展，不仅有专门的论著出版，还有专门探讨理论的刊物。许多实践经验，得到很好的总结；许多理论课题，正在深入讨论，这也是大家有目共睹的事实。当然，连环画的理论研究，还没有建立起完整的体系，有待于我们继续努力。从不认识到认识，从不承认到承认，从无到有，这是任何新学科在建立和发展过程当中必然经过的一些步骤，带有很大的普遍性。因此，连环画作为一种独立艺术的观念，必将越来越得到更多人的认识和承认，这是对于什么是连环画探讨的一个发展总趋势。

其次，人们从连环画的两个构成要素——脚本和绘画在结合中应该占有的位置及其组合关系来考虑，对连环画的界定也有不同的认识。一种意见，强调绘画的作用。比较有代表性的说法认为绘画是"虚幻（指画家的创造）的空间"，连环画则是"虚幻的空间流"，流即连续性。这种连续性不意味着只是合乎文学情节，或某一事件发生、发展、终结的过程，而重要的是艺术家的思维、情感的流衍过程。另一种意见，则强调文——脚本的作用，认为连环画就是故事画，没有故事的连环画不叫连环画。连环画是以文为主，它必须依赖于文字，属于再现性的绘画。这两种意见，前一种强调连续性，后一种强调故事性。其实连环画画面的连续性和所表达内容具有的故事性是密不可分的。没有连续性就没有故事性，没有故事性也就没有连续性。显然，各执一端都是不够全面的。因此，持以上观点的人并不很多。大多数人的意见，则认为连环画是文图相结合的艺术，认为连环画是语言艺术和造型艺术联姻的产物，因而兼有两者之长，又受文学和绘画规律的双重制约，从而形成一种独特的边缘艺术。对于文图相结合的认识，也不尽相同。有人则说连环画是文学和画面密切结合的艺术。这既有界定广义狭义之分，也有对内容的不全面认识。也有人认为文图结合的提法不够准确，因为中国画的绘画和题跋的结合，也是一种文图结合，并非连环画所特有。可是，中国画与题跋并非必然要结合的关系，而是可有可无的。而连环画的文图结合，却是必然的，绝对不可缺少的。这是二者不容混淆之处。其实，我们如今常说的连环画是文图相结合的艺术，是一种简化的提法。准确地说这里所说的文，不单是意味着文字，而主要是指文学故事；这里所说的图，也不单是意味着绘画，而是指能够叙述故事的连续画面。所以，所谓文图结合艺术，即以连续的画面来表现文学故事的艺术。

其三，从对于连环画包容的范围来说，论者掌握的尺度亦有广狭之分。当然，也有介于中间的看法，例如有一种主张认为："看上去像连环画，就是连环画。"没有具体标准，完全由主观意念来定，可能很宽，也可能很窄。广义论者也有不同的主张，有的认为凡内容有关联的多幅组画，都可说是连环画，如历代画家画过的《九歌图》及现代的《婚姻法图解》等。有的则认为描绘有联系的生活情景或工作过程的多幅画，都是连环画，如战国出土文物《宴乐、渔猎、攻战纹壶纹饰》和古代的《耕织图》等。还有的认为凡在一幅长卷中描绘了事物空间延伸的，皆可称为连环画，如《长江万里图》和传为吴道子所绘的《捉鬼图》等。对于这些"扩大地"的主张，不少人并不赞成，认为这些作品有的缺少连续性，有的没有故事性，有的只能说是图解，因而都不能算是连环画。狭义论者，也有不同的看法，有的认为连环画必须是画，像摄影之类的作品，就不应列入；有的则认为连环画是"严肃"的绘画，连环漫画则不应列入。明确持这一看法的人不多，但默认的人却不少，因此，它对中国连环画发展的影响是深远的。

总之，对于连环画有不同的界定，正说明事物的复杂性和认识它的艰巨性。只有在长期实践和反复探讨中，才能使我们的认识不断深化，才能更好地把握住连环画艺术的本质。

所谓连环画学，就是以连环画艺术为对象，阐明其基本规律及基本理论的科学。它大致包括连环画艺术的特性、本质和价值、功能、创作规律、发展历史以及分类和比较研究等。长期以来，连环画的理论研究一直落后于实际，不仅不能很好地推动创作，也使连环画这门独特的艺术不能在理论上坚实地站起来。因此，我们对开展连环画的理论研究，不仅应重视，还应有特别的紧迫感。

这里应该进一步说明的是：文图相结合产生连环画艺术，不仅是社会发展的必然，为了适应一定历史时期人们的愿望和要求，而且，也是艺术本身发展的必然，各个艺术品种本来就是在彼此互相联结和互相影响中存在和发展的。各种艺术间的联结，在艺术诞生之初便已经开始了，后来在艺术的发展过程中不断地加强起来。它们通过互相吸取、结合、配合、综合等种种方式，彼此互相影响，互相联结，使艺术的门类不断增多，艺术的内容更为丰富，艺术的表现手段更加多样，艺术的感染力也更为增强了。然而，不同艺术品种的互相联结又是有条件的。首先要有相通之处，这样，它们的联结才有可能。其次要有相异之处，这样，它们的联结才有必要。连环画文图相结合的艺术法则，正足以说明这个道理。文学和绘画相异而又相通。它们的相通，在于都要求塑造具体的形象和创造情景交融的意境；它们的相异，在于文学是语言艺术，绘画是造型艺术，文学是时间艺术，绘画是空间艺术，各有优越性，又各有局限性。一旦两者结合起来，取长补短，融为一体，便产生了这种具有特殊魅力的艺术新品种——连环画。因此，我们又可以说，连环画艺术的诞生，是顺应艺术发展的规律，使文图结合起来，产生崭新的艺术品种，以满足艺术发展的要求。

既然连环画艺术保留了文学和绘画的长处，又补足了两者的短处，那么它为什么不能代替一般的文学和绘画呢？这是因为文图融为一体，形成独立的连环画艺术之后，又产生了新的局限，又有许多不及一般文学和绘画的地方。例如，因受篇幅的限制，连环画文学不可能像小说那样，尽情地发挥语言描绘的特点，而要受一定字数的限制。连环画又因篇幅较多，画幅较小，绘画也不能像单幅画那样，要求每幅都花很多时间去精雕细琢。所以，它无法代替一般的文学和绘画。当然，如前所述，它确也具有一般文学和绘画所不及的地方。所以，它不仅能够独立存在，而且还具有很强的生命力，正在不断前进和发展。

第二节　连环画的艺术样式与作用

连环画作为一种大众文化，各方面都发展得较为成熟，一直展现出独特的美术风格和文化特色，中国画的样式造型，与传统艺术紧密对应，展现了强烈的东方文化特色。它们大多取材传统故事、抒情化的典故或现实主义作品，反映了中国东方文化中朴素的自然观和人文精神，通过大量的中国式文化符号传达了传统的中国式的道德标准和人文情怀。

连环画不仅通俗易懂，普及性强，而且还有广泛的群众性。它是美术与文学结合，吸收影视戏剧等艺术之长，以多幅画面连续表现一个故事或事件发展过程的绘画形式。连环画的题材众多，经常敏锐地反映群众的需求，表达时代的声音，是具有较强塑造各种典型形象能力的艺术种类；连环画的表现手法也是多种多样的，如白描、水墨、工笔重彩、水彩、油画、剪纸、木刻、装饰画、电影（摄影）、素描、刺绣等，似乎可以把整个绘画门类囊括了；它可长可短，短的三、四幅，长的可几百幅、几千幅。其样式是一种以图像和文字相互补充的艺术形式。并且，"图"与"文"各有不同的功能，彼此都不能相互取代且相互依存。诚如邵劲之先生所说："连环画是语言艺术与造型艺术的结晶体，在一定程度上改变了文与图的相对独立性，融两者所长，文图交辉，共同创造出一种新的艺术美。"

在连环画孕育的历史长河中，"图"与"文"就是结合的。连环画是以画为主的艺术形式，但在文字与绘画之间，在阅读上是相互补充的；在创作上，绘画以文字脚本作为指导，并尽量拓展文字内容所描绘的空间。绘画的表现语言更加直观、可信，更加具体，能够立即给人以活生生的形象，而不像文字那样只能通过阅读去体会、想象事物的形象。但画面只提供可视的形象，而说明文字不但能够描绘出视觉形象，还可以给人以听觉、味觉、触觉的体验。如人的语言声音，场景的声色变化等。绘画的静止形象很难使人想象出人物的具体的内心世界，但如果配上文字可以弥补绘画的这一不足，帮助读者领会到与画面相关的更加具体的内容。虽然无文字描写的连环画是存在的，在带给人巨大的想象空间的同时，却又隐藏着产生歧义的可能，且仅靠画面是无法表达人物的对白和思想的。连环画的文字描述不仅仅是画面的文字说明书，更是创作者表达思想和感情的利器。

鲁迅就非常重视"小人书"这种图文并茂的形式，而且大力扶持"小人书"的创作。在19世纪30年代，中国新文化运动开始不久，中国渐渐向现代社会转型，普及文化、启蒙大众，"小人书"是最好的工具。鲁迅主张把"小人书"的内容改造成群众看得懂的、易于记的故事，采用民间年画、花纸、线描等形式，而不是扰乱群众眼光的阴影的形式画"小人书"。

因此，连环画理论研究的倡导者姜维朴先生将它归纳为："叙事、状物、明理、抒情"。所谓叙事，即叙述事情的来龙去脉，介绍矛盾纠葛的起因、演变和原委始末；状物即描绘人物面貌、姿态和活动形状，并表现人物形象与自然景物之间的关系；明理即阐述论点、申明道理、表示褒贬、判断正误；抒情是表达人物思想感情，激发读者爱憎，达到加深艺术说服力和感染力的作用。

总之，在连环画中"图"与"文"的关系是相互补充、相互辅佐的。它的内涵也是博大精深，题材内容大至宇宙，小至微生物，具体到图解，抽象到能表现《资本论》，至于历史典故、文学名著、民俗传说、童话、现实中生活中的英雄模范、革命先烈故事，无所不包，它还能从古典的书本逐渐走向社会，走向每一个家庭生活……因此连环画的艺术样式决定了它的雅俗共赏、老少咸宜，任何艺术门类的书刊，都比不上它的读者群之广大。

第三节 近代连环画的风格特征

一、近代各时期连环画的历史背景及题材比较

任何东西都不能脱离实际本身之外，这恰恰是时代情势的真实反映。而各个时期由于大众审美观的不同，会产生各具时代特色的产物，连环画亦然。从连环画的发展史来看，随着时代的发展变化，连环画走过了一个跌宕起伏的曲折变化。短短的百年间，连环画就经历了自身的发展期、成熟期、兴盛期和衰落期。

中国连环画传承了具有几千年悠久历史的中国传统艺术的精髓，将笔墨技巧、意境优美、格调抒情、气韵生动这些特点尽情反映，并善于用"写意"和"神似"这些与西方世界观不同的艺术观念融于其中，使画面意境深远，耐人寻味，体现了中国传统美学思想和民族风格。

丹纳对产生艺术作品的环境做了极为详尽的考察，并指出：作为一个科学的历史学家，其主要任务是熟悉一切时代的艺术，并在熟悉产生一般文化产品之规律的前提下，去发现产生艺术品的民族社会环境和历史时代。丹纳认为，应从"整体"的思想研究艺术作品，"整体"基本上有三种：一是该艺术家创造的全部艺术品，他的每一件作品都要归属于这个整体，而他的艺术风格也只有通过这个整体才得以呈现出来；二是指艺术家的艺术作品所属流派；三是指同一国家的人、同一时代的人或同一社会中的公众之精神和风格的总体。在上述三种整体中，以第三种最为重要，它是决定一、二中整体的首要原因。这第三种整体又是民族、环境和时代三种因素决定的，民族不同，其天然遗传的种种倾向就不同。民族倾向是艺术的原动力，是决定艺术的重要条件。环境包括气候、政治形势和社会条件，是艺术产生的"外部压力"，它决定着某种特定艺术的出现。可见连环画的发展是与各时期政治形势、社会条件等诸多因素密不可分的。

中国连环画的产生植根于浓厚的中国传统文化艺术的沃土，按历史的发展背景，连环画可分为五个阶段：民国时期、抗战时期、建国初期、"文革"时期和 20 世纪 80 年代初期。因各时期政治形势、社会条件、审美需求的不同，

其特征也各自不同。

众所周知,连环画艺术并非凭空创造,它不单纯是个人的成果,而是在特定时间空间里,创作者以一个能够发言的重要成员的身份对社会的反响的重要体现。因此连环画的研究应着重了解社会环境和艺术家所作出的反映广度和方式。中国艺术始终把审美与艺术问题同宇宙、社会、人生的一系列根本问题联系起来,作为俗文化的中国传统连环画同样也围绕着艺术与社会和历史的关系、艺术同人的关系进行创作,体现了儒道两家的艺术理论。

19世纪20～30年代,是中国社会、文化的逐步转型期,作为一种特殊艺术形式的连环画文化也趋向成熟,它担负起继承优秀的文化传统、改造创新、服务大众的历史性的使命。在连环画初期为了支持和引导连环画这一通俗的艺术形式的更好发展,鲁迅、瞿秋白和茅盾等,曾在1932年围绕连环画问题与胡秋原、苏汉展开了一场论战。鲁迅所写论述连环画的文章,有《连环图画辩护》《连环图画琐谈》、《论旧形式的采用》、《看图识字》等。他在《连环图画辩护》一文中,以明显的例证和事实,有力地驳斥了企图把连环画一笔抹杀的论调,申明连环画在古今中外"不但可以成为艺术,并且已经坐在'艺术之宫'的里面了"。他告诫从事连环画的艺术工作者,特别要注意连环画使群众"能懂、爱看"。"为了大众,力求易懂,也正是前进的艺术家正确的努力",这时期连环画真正得到巩固与发展,不但从事绘图的人多了,有的还具有比较好的技术,有自己独特的风格。这时,原来出版《时事苏滩》、《五更调》等唱本的小书商,见到这种图文并茂的时事画报销路很好,于是群起效尤。他们寻门路、找画家,也编绘出版这种小画册,争夺读者。1928年,由于连环画的样式逐渐完善,内地各大城市的发行网也逐步增加,连环画的发行量急剧上升,一般每种从几百本上升到2000本左右。1932年前后,一些经营连环画出租的摊主,见出版连环画有利可图,就也加入出版商行列。他们形成一个封建行帮,不让别人染指这个行业。这些出版商文化低、素质差,他们找一个画家带几个学徒来完成画稿,然后取个书名,就开始出版连环画了。1937年后,连环画出版业因抗日战争爆发而有过短期停顿,但一些以牟利为目的的人,看准了群众在文化上极端饥渴的状况,又纷纷染指连环画的出版业。他们为了牟利,第一是迎合低级趣味,出版各种含有封建迷信、色情荒诞内容的连环画毒害读者;第二是采取各种手段剥削、控制作者,比如用师徒合同,迫使年轻作者无偿为店主效力,或用攀亲戚、结金兰的办法笼络作者，有的更以色情、毒品来引诱、腐蚀作者，最终使不少作者丧失了自己的艺术生命。

到了19世纪40年代，是国内战乱的高峰期，连环画因能够面对现实生活、联系广大人民、反映人民苦难、表达人民心声而更具生机。连环画在"一•二八"战事以后开始接触到反对帝国主义、反对国民党斗争的题材。在"七七"事变以后，连环画更成为有领导、有计划的"文化宣传利器"。因为当时有一些连环画粗制滥造，宣扬低级趣味、妖魔鬼怪、邪道迷信等，毒害读者，鲁迅先生曾大声疾呼"连环画必须于大众有益"。尽管如此，他仍然对连环画这种艺术形式给予充分肯定，批评了某些人完全否定连环画的偏激观点，指出不要视连环画为不登"大雅之堂"的"下等物事"，他还说："我并不劝青年的艺术学徒蔑弃大幅的油画或水彩画，但是希望一样看重并且努力于连环图画和书报的插图。"他以此来激励美术青年、文学青年从事连环画创作。在其倡导下，上海良友图书公司于1933年先后翻印出版了《一个人的受难》《我的忏悔》等外国木刻连环画。此时解放区的连环画与木刻、戏曲、音乐艺术一样，也发挥了巨大的宣传、教育作用，成为革命文艺阵线不可或缺的一部分。由于国民党审查机关的迫害，许多连环图画不能公开发行，连环图画作者，就在中共上海地下党领导下，秘密地绘制工人斗争、反日故事等招贴画、单页连环画，进行宣传。

1949年中华人民共和国成立后，百废待举，文化需要普及，人民急需精神食粮，作为通俗易懂的连环画，党和国家很重视这一大众宣传娱乐工具，花大力气加以整顿，使旧貌换了新颜。1952年，由上海市文化局出面，接纳连环画作者近200人，开办"上海连环画工作者学习班"，进行政治学习。明确文艺为工农兵服务的方向，然后由文化局负责分配工作。既解决学员的就业问题，又保护有发展前途的连环画作者，并向全国各地洒下了连环画艺术的种子。随着对私改造的进展，1953年以后，几乎经常有私营出版社并入"新美术"，到1956年初，私营出版社已不复存在。新美术出版社的成立，为旧连环画的改造和新连环画的发展，提供了物质基础和思想基础，它还担负着以内容健康的连环画换回流传于社会上的大量有不良倾向的旧连环画（当时称之为"以新换旧"）的任务，以满足广大读者的阅读需求，连环画从业人员的思想素质也大大提高，做到了出书、育人双丰收。1955年初秋，根据党中央指示，出版物只要不反动，无黄色因素，就可出版，而且《人民日报》还就此发表了社论，一方面说明政策之宽，一方面说明读者需要之殷。并且以华东人民美术出版社为代表，出版一些带有示范性的连环画，以促进连环画质量的提高。董子畏改编，丁斌曾、韩和平绘画的《铁道游击队》；刘旦宅绘的《屈原》等作品就是在当时产生的。

然而好景不长，1966年至1976年，"文化大革命"在全国范围内轰轰烈烈地展开，一大批连环画作品如同一大批文艺作品一样，被打成"毒草"。许多连环画作品在"破四旧"中连同原稿、样本，被大量损毁，一大批作者也横遭迫害。从1966—1970年，五年多的时间里，全国各地几乎没有连环画出版。1971年，周恩来"为解决下一代的精神食粮问题"批示恢复连环画出版，各出版社作为政治任务而广泛出版发行了具有强烈政治色彩的"样板戏"连环画。"文革"时期的连环画是一种特殊的艺术形式，它是为了配合民主专政和迅速统一政治思想的要求，国家垄断艺术形式开始出现。它是"为阶级斗争服务，为无产阶级政治服务"，其实是"美术宣传品"。正像毛泽东《在延安文艺座谈会上的讲话》上所说，"让文艺工作成为团结人民、教育人民、打击敌人的有力武器"。其实质是突出大众艺术，突出艺术为工农兵服务的核心。于是个性消失了，社会主义现实主义、结构主义以及民族化成了创作最根本的特点，画面风格"红光亮"和"三突出"的原则作为艺术基础，除此以外的其他所有表现形式都会被认为是敌对和反动的倾向。

20世纪80年代初，中华大地春风拂面，经过拨乱反正，连环画创作重新出现了如火如荼的繁荣景象，各地连环画出版单位纷纷建立，好作品也不断问世。新的历史时期正在开始，文化人迎来了施展才干的大好机遇，画家们也都想寻找表现自己的"舞台"。经过十多年的"文化饥渴"，20世纪80年代初期，人们对原来最普及的"小人书"的需求也越来越迫切。连环画已经不再是单纯地讲历史故事，它此时还成为民众反映心声的直接途径。它和当时轰动的文学作品结合，成为当时最能表达人民心声的艺术样式。1979年，陈宜明、刘宇廉等的连环画《枫》引起一场大风波。它率先闯了禁区，写实地让林彪、江青、张春桥、姚文元出现在画面上。在众多争议中，连环画《枫》获全第五届国美展金奖，由此拉开了连环画鼎盛时期的帷幕，成为连环画黄金时代开始的标志。

连环画作为表达人民心声的一种文化载体，因时代背景不同，其在各时期的主要作用也不同：民国时期和20世纪80年代初期连环画主要是丰富了大众的文化生活，其主要功能是娱乐性，流行性；抗战时期和"文革"时期的连环画都带有强烈的政治导向，其实质是"宣传的利器"；而建国初期的连环画是二者的结合。不同的社会环境决定了各时期的题材内容的不同。

从表面上看，艺术是由一个个具有独特个性的人创造的，但是，任何一个人又是社会的存在，或者说，每个人都是生活在特定历史条件下的特定社会环境中的。而所谓的环境，又是政治、经济、文化、风俗等种种因素的汇合。因此连环画的样式或题材是随着历史阶段的不同而变化的。

二、近代各时期连环画的绘画形式比较

自民国时期至1986年，从连环画的绘画艺术的发展可分为发展期、成熟期、停滞期和鼎盛期。各时期的连环画在构图、人物塑造、绘画的形式等方面也各自具有各自的特点，其形式语言均体现了不同时期文化的特色。

（一）各时期连环画的构图

连环画的构图主要分为两种：一种是焦点式构图，一种是传统式构图。焦点式构图是连环画创作中常用的构图形式。它依托于焦点透视的原理，在一个画面上只有一条视平线和一个透视点。所谓传统式构图就是沿袭了中国传统绘画构图法的构图形式"散点式构图"。从连环画绘画艺术史上看，焦点式构图出现在抗战后期。而"散点式构图"是相对于西方的焦点式构图而起的名字，它植根于中国的传统文化之中，始终贯穿在连环画艺术中。受西方绘画观念、电视等影响，到20世纪80年代初期，在连环画构图中还出现了类似电视中的近镜头"局部特写"。其实大部分连环画的构图是以上两种形式的结合，既依托于透视的科学原理又不为其所束缚。

（二）各时期连环画的人物刻画

连环画的人物塑造方法在各时期也是不同的。连环画主要是通过画面来塑造人物，以文字描绘心理活动为辅。通过同一人物的不同形态、丰富的表情语言来表现人物性格，表达画家思想。在连环画创作中，人物塑造是非常重要的环节。在中国古典小说中，经常看到以鼻直口方、浓眉大眼或者獐头鼠目等面型特征的文字描述，来勾画人物的内在性格。这种突出人物面貌特点的人物塑造形式的优点是十分明显的，它可以使读者在第一感觉就能把握住人物的特点

和之间的不同。众多对比鲜明的人物组合,也能给人以深刻的印象。脸谱不仅把人物的生理形态(年老、年少、英俊、丑陋等),同时也把社会属性(身份、技艺、绰号)、个性,甚至使用的武器等都通过色彩图案集中、概括地反映出来。连环画也继承了这种特征鲜明的处理手法。

民国时期:是连环画的发展初期,此时连环画为下等事物,出版者根本没有去从艺术上提高它的意思,连环画作者都是些民间艺人,充其量参考一下《芥子园画谱》。在人物刻画及场景上大都是从舞台剧上"挪用"过来的。其动作程式化,人物、马匹、景物等造型有很大的疏漏,经常出现比例失调、动态不准。

抗战时期:木刻版画的增加,画面黑白分明,感染力强。在人物的塑造上也因为民族主义高涨,忠奸分明,从人物动态上就可以区分人物的性格,褒贬分明。场景描绘有大幅度的提高,已经开始出现了用环境烘托气氛的画面。

建国初期:连环画的成熟期。在绘画质量方面,作品较注重传统技法的继承和提高,以人物表情及心理刻画为主,构图力求充实饱满,层次丰富,绘画一丝不苟,还注重整个体形与面型所表现的人物性格协调统一。这些作品以传统风格的水墨画、工笔重彩为主,人物形象已经有所突破。同时,吸收了苏俄的风格,带有解剖学的理论基础和素描的功底,构图也有一些透视法的规律性。人物们表情各异,传神而不夸张,笔下的景物错落有致,艺术性达到空前的高度,连环画绘画艺术进入了达到了前所未有的高度。

"文革"时期:连环画进入停滞时期。在人物塑造上,多受"样板戏"的影响,在人物塑造上模式化。英雄人物(正面人物)的高大雄壮,阶级敌人(反面人物)的丑恶猥琐,反差极大,形成脸谱化,使人一眼就能分辨好坏,贯彻所谓"三个突出"的原则,追求舞台效果,人物活动多采用京剧亮相式的造型动作。

20 世纪 80 年代初期:在继承 20 世纪五六十年代传统白描和心理刻画长处的基础上,更加注重相互借鉴吸收和提高,在人物心理刻画上也达到了巅峰,注重体态外形对人物的身份、感情的表达。人物外形在具备典型特征的同时,还从自然界的物体中吸取其状貌精神,借拟模仿,使之更丰富有力。在表现形式上努力开掘,强调主次关系、环境刻画和画面情趣。在《地球的红飘带》中,作者为了刻画周恩来的第一次出场,特意参考了周恩来长征结束后在陕北的一张照片。这是从埃德加·斯诺拍的纪录片中选取放大的、已为群众所熟悉的周恩来在长征时期的形象。因为，在连环画册的开场，要使周恩来形象为群众所认可，就必须参考这幅照片。但是参考绝不是照搬，在汲取了原照片基本的感觉、形象气质和形式感后，其他方面全部重新塑造了。这样既有强烈的历史感，又给读者新的形象感受。

（三）各时期连环画的表现形式

在绘画形式上，因为连环画创作的自由性，在它诞生之初就已存在众多的绘画形式。白描、木刻等都大为流行。鲁迅也撰文说，连环画的"画法，用中国旧法。花纸，旧小说之绣像，吴友如之画报，皆可参考，取其优点而改去其劣点。不可用现在流行之印象画法之类，专重明暗之木版画亦不可用，以素描（线画）为宜"。连环画的绘画形式具有多样性，线描是其主要的绘画形式和造型方法。民国时期连环画是线描为主，很少有其他的表现形式。抗战时期，木刻连环画出现，并占主导地位，成为当时一大特色。建国初期，连环画作品以传统风格的线描为主，同时出现了工笔重彩水墨、素描、版刻等多种形式的连环画。"文革"时期，表现形式较为单一，只有线描和"样板戏"剧照式的影视连环画。20世纪80年代初期连环画的绘画形式多样，有白描、工笔、写意、素描、水彩、水粉、油画、剪纸、木偶、摄影等，绘画形式也是各时期最丰富的。

三、近代各时期连环画的绘画风格特征

（一）发展时期——民国时期、抗战时期

民国时期出版的连环画特点如下：①这个时期视连环画为下等事物，出版者根本没有去从艺术上提高它的意思，并且粗制滥造，艺术价值不高。当时的连环画作者，都是些民间艺人，没能力进美术学院深造，充其量参考一下《芥子园画谱》，主要突出"高产"二字。②表现形式以线描为主，画法大都是明清木刻版画的延续。在人像的造型及场景上大都是从舞台剧上"挪用"过来的。其动作程式化，人物、马匹、景物等造型有很大的疏漏，经常出现比例失调、动态不准。由于绘者的水品参差不齐，作品也良莠不齐。③其主要内容是神怪和武侠。这和当时流行的美国和国产武侠电影、京戏与地方戏舞台上扮演的舞台神怪戏关系是分不开的；同时还与当时的黑暗政治，帝国主义压迫的加紧，人民的苦痛，也都是有不可分割的联系的。

抗战史时期出版的连环画特征体现为：①虽然这一时期还是以线描为主，但因为时势的需要，作品要求快捷、迅速地反映当时的斗争方向，其宣传占主导地位，所以当时出现了大量的木刻单页连环图画，大小如一张蜡纸，主要是分六格或八格画的。由于当时条件极其艰苦，这些连环画印刷纸张、印刷质量很差，但很有宣传性，并达到一定的效果，在当时是一大创造，成为当时的政治文化宣传的有效武器。②画面黑白分明，感染力强；在人物的塑造上也因为民族主义高涨，忠奸分明，从人物动态上就可以区分人物的性格，褒贬分明；场景描绘有大幅度的提高，已经开始出现了用环境烘托气氛的画面。那一时期邵宇创作的连环画《土地》，是他亲身经历"土改"实践的深刻感悟，画面朴实，用线极具张力（如图2-5）。另如蔡若虹的《苦从何来》、彦涵的《狼牙山五士》、莫朴、吕蒙、程亚君的《铁佛寺》等，都是极具革命性的代表之作。③直到1945年日寇投降，我军掌握了一些石印机以后，石印的连环图画才较多地生产出来。

图2-5　邵宇《土地》连环画

（二）成熟时期——建国初期

20世纪50-60年代的连环画题材多反映中华人民共和国成立后的民众生活和建设热情，传统名著和神话题材也有表现，但要求符合新社会的价值观。由于当时与国际社会交流很少，外国题材的内容多是引进苏联的作品，宣传革命和社会主义。这期间还有一些介绍连环画史的专著诞生，使连环画的创作理论更为丰富。在绘画艺术上继承了古代绘画、民间绘画的优良传统，注意骨法用笔，讲求神韵，以传统线描为主来表现内容。贺友直的《山乡巨变》取法于古代陈老莲"博古叶子"及明清木刻版画画法，古为今用，取得了较好的艺术效果；王叔晖的《西厢记》，则采用"兰叶描"和"界画"手法，令人耳目一新。还有一些画家大胆地吸收苏联的绘画技巧，极大丰富了连环画的表现手段，如华三川的《青年近卫军》、顾炳鑫的《渡江侦察记》，运用了铅笔素描或钢笔素描技法（如图2-6）。贺友直的《山乡巨变》，刘继卣的《鸡毛信》，赵宏本、钱笑呆的《三打白骨精》，汪玉山、钱笑呆的《穆桂英》等优秀作品都是此时诞生的。同一时期，还继承了连环画"连台本戏"的传统，组织、创作不少古今中外名作的套书连环画。如由徐正平等数十名作者绘制的60本近6000幅的《三国演义》，丁斌曾、韩和平的10本《铁道游击队》，罗盘、韩和平、金奎、顾炳鑫的8本《红岩》。还有数十本一套的《东周列国演义》、《西汉演义》、《岳飞传》、《红楼梦》也开始陆续编绘出版。从这时的作品可以看出，许多活跃在中国连环画界的老一代画家是赫赫有名的艺术大师。如刘继卣的《东郭先生》、王叔晖的《杨门女将》、任率英的《红娘子》、华君武的黑白画《大林和小林》、黄永玉的《叶圣陶童话选》、黄胄的《绿色的远方》和程十发的《红楼梦》等。

图 2-6 《渡江侦察记》封面与内页

这一时期的连环画有以下几点特征：①这段时间，国家百废待兴，把经济建设放在首位。群众热情高涨，积极投身国家建设，涌现了大批的先进工作者、劳动模范，祖国建设成就喜人，捷报频传。连环画在当时扮演了宣传员的作用，在题材上大力讴歌新成就、新人新事，如表现社会主义改造成就的《山乡巨变》、《创业史》、《穷棒子扭转乾坤》。②连环画还肩负了文化教育的重任，连环画是继课本之外最佳的学习工具。那时的连环画文字尽量做到平铺直叙、浅显易懂,稍为生僻一点的字都要旁注拼音,封面书名也几乎都有拼音,便于认读。③在编绘质量方面,作品较注重传统技法的继承和提高,以人物表情及心理刻画为主,构图力求充实饱满,层次丰富,绘画一丝不苟,这些作品以传统风格的水墨画、工笔重彩为主,人物形象已经有所突破,吸收了苏俄的风格,带有解剖学的理论基础和素描的功底,构图也有一些透视法的规律性。这些20世纪五六十年代的连环画,与欧美、日本同期的作品相比并不逊色,甚至色彩上更为丰富,线条技法也更为流畅,尤其是表现水的流动,波澜壮阔、动感十足、美轮美奂。当时的创作者已经将传统文化中的水墨山水、工笔人物、绣像、衣纹刺绣、版刻、敦煌壁画的色彩和形态移植在连环画中了,完全跳脱传统技法,使用钢笔和墨水作线描画,人物们表情各异,传神而不夸张,笔下的景物错落有致,艺术性达到空前的高度,连环画艺术进入了"第一次兴盛期"。

(三)停滞时期——"文化大革命"时期

1966年至1976年,"文化大革命"开始。许多连环画作品连同原稿、样本,被大量损毁。如人民美术出版社于1980年再版的《水浒》连环画,由于原稿不知去向,只好重新绘制,但再版后的《水浒》已不能原汁原味地反映老版《水浒》的特色了,艺术水平亦有霄壤之感。"文革"十年间,中国连环画的政治色彩空前浓厚,最大的特点就是一个"红"字:封面彩色大红大紫;红太阳毛主席的语录、头像、最高指示被时常引用于说明文字及画面中,且在字体上区别开来;红旗迎风招展,红小兵、红卫兵穿梭其间,英姿飒爽,红红的脸蛋。"文革"时期启用的工农兵作者参与绘制较多,虽也有部分专业连环画老作者进行了创作,但因他们也忙于"抓革命,促生产",业疏于勤,绘画也很粗涩,连环画绘画艺术上有所退步。当时几次大的运动都能在连环画中找到印迹。如歌颂上山下乡的《广阔天地大有作为》系列、《青春颂》;先进典型的《铁人王进喜》、《大寨赞歌》;忆苦思甜的《一块银元》《黄河滩上血泪仇》;八大样板戏等,不胜枚举。

这一时期的连环画有下列特点:①内容单调,大都以阶级斗争为纲,为阶级斗争服务。例如人美版的连环画《决裂》前言中写道:"《决裂》对当前批判教育界奇谈怪论、反击右倾翻案风、巩固和发展无产阶级'文化大革命'的伟大成果,加强无产阶级在上层建筑中对资产阶级的全面专政,具有深刻的现实意义。"连环画创作人员谨小慎微,不敢越雷池一步,创作题材十分单调。为了突出阶级斗争,一个题材往往你争我抢,重复出版,例如根据张登魁著《带响的弓箭》编绘的连环画就有天津人美、江苏人民、浙江人民、河北人民、上海人民、黑龙江人民、江西人民、四川人民、吉林人民、贵州人民等出版社的十多种版本。"样板戏"的重复出版更是如此。②形式呆板。为了批判所谓"名利"思想,著者不署真名,大多托名集体编绘,例如,1972年人民美术版《一块银元》署名"中国人民解放军1505部队政治部";1973年人民美术版《京江怒涛》署名"江苏镇江文化馆";1973年广西人民版《长空激战》署名"红铁鹰、广鹰文";1973年上海人民版《白求恩》署名"小兵";等等。③是表现手法多受"样板戏"连环画的影响。"文革"连环画突出英雄人物(正面人物)的高大雄壮,阶级敌人(反面人物)的丑恶猥琐,反差极大,形成脸谱化,使人一眼就能分辨好坏,贯彻所谓"三个突出"的原则,追求舞台效果,人物活动多采用京剧亮相式的造型动作,如《青春的火花》里的第103幅,《小八路》里的第57幅,从人物造型到构图布局都深受其影响。

(四)鼎盛时期——20世纪80年代初期

1979年至1985年,这段时间可称为中国连环画的黄金时代。虽然20世纪五六十年代,连环画也有过辉煌,但因"文化大革命"的长期压抑,到了20世纪80年代,连环画终于厚积薄发,而且是不寻常的迸发,达到了其巅峰。一批具有代表性的青年连环画家登场了。如尤劲东的《人到中年》,再次产生轰动效应(如图2-7)。这可以说是继1979年《枫》和《最后一课》之后的又一个高峰。1982年,赵奇的《爬满青藤的木屋》、韩书力的《邦锦美朵》等连环画都有较大的影响。他们壮大了中国连环画的画家阵容。1983年是年轻的中国连环画家们走向成熟的时期,手法丰富,艺术老到,思想内容也更加沉实。俞晓夫的《一个儿子》,李全武、徐勇民的《月牙儿》等全是精品。1984年关心现实题材,聂鸥、孙为民的《人生》,何多苓的《雪雁》,又让读者耳目一新。到这个时期,好作品已经呈群峰竞秀之势。各家出版单位把出版连环画当作一项重要的工作。这个时期的连环画,题材范围扩大,品种增多,出版形式也越来越丰富,而且渐渐向"系列"套书发展,人民美术出版社做了《中国十大古典悲剧》和《中国十大古典喜剧》连环画集,荟萃了全国的连环画名家之作,请戏剧大师曹禺作序,请著名美术史论家黄苗子题笺。上海美术出版社《李自成》《中国成语故事》等套书连环画,天津美术出版社组织编绘《聊斋》《宋史》连环画集,河北美术出版社的大型古典文学名著《西游记》,甚至连体育出版社都出版了《体育连环画库》,音乐出版社还出版了《音乐家故事》……《三国演义》《水浒》《红楼梦》等名著纷纷再版,一时间真是各尽其能,百花争艳。连环画艺术无论在题材、内容,还是在表现技法、形式上都达到了巅峰。

图 2-7 《人到中年》

这一时期出版的连环画有以下特点:①在继承 20 世纪五六十年代传统白描和心理刻画长处的基础上,更加注重相互借鉴吸收和提高,在表现形式上努力开掘,强调主次关系,环境刻画和画面情趣。新人起点都较高,大都有扎实的基本功,以不断创新、独树一帜为己任,如施大畏、崔君沛、窦士魁、卢延光、汪国新、徐有武等人。其内容的文学性有明显加强,在文画互补上更趋成熟。②题材也更加广泛,有中外名著、历史故事、人物传记、革命斗争故事、武打故事等多种题材。但有追逐热门题材的一窝蜂现象,不少名著一编再编,形成系列,每个系列少则四、五册,多则数十册。根据李存葆的《高山下的花环》而编绘的连环画竟然有人民美术、浙江美术、岭南美术、辽宁美术、河北美术、湖南美术、吉林人民、山东人民、广西人民、山西人民等十多种版本。③形式多样。这一时期,连环画的绘制手法更是层出不穷,有白描、工笔、写意、素描、水彩、水粉、油画、剪纸、摄影等手法,使画面形神兼备,更具艺术效果。

如上海人美版《不怕鬼的故事》14 册分别由著名画家赵宏本、陈光镒、顾炳鑫、刘旦宅、汪观清、凌涛、韩和平等绘制，绘画风格或粗犷，或细腻，或夸张，或朴拙，真是百花齐放，各有千秋，令人叹为观止。连环画的开本也是多样的，计有 12 开、18 开、20 开、24 开、32 开、40 开、48 开、50 开、60 开、64 开、70 开、72 开等 12 种，其中以 60 开、64 开最为常见。④发行量大。如 1979 年上海人美版《三让徐州》累计印数为 271 万册；1984 年岭南美术版《鹰拳却贼》初次印数为 200.5 万册；1981 年人民美术版《烽火戏诸侯》初次印数为 190 万册。

第四节 连环画发展日趋式微的影响因素

一、连环画衰落的表面原因

1985 年前后，随着改革开放的深入进行，我国告别了经济短缺的时代，科技、文化、艺术各领域捷报频传。电视、电影、电脑等新的传播媒体迅速普及，连环画在新的形势下，丧失了昔日的光彩，走入衰落期。对于这一现象，很多学者给予了关注，徐海鸥、钟燕玲认为连环画衰亡是必然的。王家龙指出连环画的出路是提高艺术质量。吴玉朴、林阳分析了连环画繁荣与低落的原因，并对繁荣连环画提出了自己的建议。诸多学者把影响连环画走向衰落的因素简单地认为有主要以下几点：

首先，连环画相对优势逐渐丧失。电影、电视、摄影、数码合成、网络技术等使我们的时代变成了"图像"的时代。如果说 1985 年前的大众文化娱乐空间是连环画、电影、电视和其他图书、音像制品共分天下的话，那么，在 1985 年后，连环画的市场份额就被电视、电影、电脑等迅速挤压，发展空间萎缩。

其次，画面质量下降。连环画本是大众的普及的文化，它来之于生活，取之于广大民众，它的表现技巧可以很高，但不能脱离民众，坐进"艺术之宫"里去。1985 年，连环画出版不景气，编辑工作商品化，为了抢选题、抢时间，缩短连环画的创作周期和出版周期，有的出版社把关不严，导致一些劣质的作品面市，有的画家对快速变化的社会缺乏心理准备，出现盲目追求"自我表现"，为形式而形式等情况，致使连环画创作出现问题。在艺术表现形式上也不够严谨，甚至出现了新的"跑马书"。印刷质量大幅度下降,有的连环画画面模糊不清,形象残缺不全,线条支离破碎;一本书被裁切得歪歪斜斜,常有缺页或倒页。此期的很多连环画不同程度地出现了形象雷同、不忠实于原作的现象。王家龙举例指出:岭南版《肯尼迪案卷争夺战》的第75、162、196等页、朝花版《少女之死》上册的封面和58、61等页,人美版《世界之谜》下册中《金字塔与金字塔能》的第13页,还有天津出版的《神秘的公文包》的第79、86、87、89等幅,主人公的形象都是照搬意大利影片《警察局长的自白》中检察官屈昂尼为"模特",如出一辙。江苏版《天使的愤怒》中,画家笔下的詹妮弗,丑陋粗劣,丝毫不能给人以美感。种种问题使得连环画的吸引力一落千丈。

　　第三,题材重复现象严重也是导致连环画衰落的重要原因。作为大众喜闻乐见的连环画,由于1985年前连环画的热销,很多出版社在经济利益的驱动下,盲目上马一些选题,题材和内容重复、集中等问题严重。早在1985年前,重复创作的问题就已显露苗头。1981年第二届全国连环画评奖中,王弘力和贺友直同时以《十五贯》分获绘画一、二等奖;如第二届全国连环画评奖中同获二等奖的《秋瑾》和《鉴湖女侠》,都是以秋瑾的故事改编的。1985年后,这种情况愈演愈烈,从第四届全国连环画评奖获奖作品看,《长恨歌》《红楼梦》《西游记》等古典文学名著等,成了出版社一再重复的经典选题,其中以《西游记》为最,仅1979-1989年间,《西游记》连环画就有人民美术、河北美术、湖南美术、上海人美、黑龙江人民、天津人民、四川美术、辽宁美术、电影出版社、江苏少年儿童出版社等数十家出版过,版本达数十种,换汤不换药,题材与内容雷同。在古典题材中的套书(10册以上)中就与《水浒》相关的二十多种版本、《聊斋》七种版本、《说唐》六种版本……其原因,一是由于1985年前连环画的极度繁荣,使很多出版社领导和编辑人员盲目认为已经出版过的题材有较好的群众基础,投资风险小;二是出版社存在懒惰和投机心理,为了减少出版成本和缩短出版周期,他们乐于选择既不用重新创作,又不存在版权的古典题材,反复编创和出版。

　　第四,外来文化的"涌入",特别是漫画连环画(现统称为"动漫")的冲击市场,占去了相当一部分读者,使得本来已脆弱的连环画市场失去了"平衡"。

二、审美观对连环画的影响

连环画艺术在本质上是一种传达方式，是连接艺术创作者和受众的一种纽带。因此连环画的意识形态体现了艺术家与受众的双重审美趣味与需求。审美趣味作为人类审美感受力的直接表征，同时也具有鲜明的社会性和阶级性。连环画艺术在与社会环境的互动关系中，充分体现了连环画与经济、政治、哲学、宗教、道德等方面的联系。特定时代的人们在社会实践活动中和社会思想的影响下，在某种审美心理的指导和制约下，会形成从事美的创造和欣赏时的时代风气，即审美风尚。中国古代的绘画理论历来重视绘画的伦理教化作用，儒家的比德思想、道家的逍遥主旨、佛家的妙悟体验是中国传统连环画艺术的精髓。清朝末期以来，西方世界的哲学理念逐渐渗入中国，批判传统、变法图新的主张与西方的近现代自然主义、经验实在论或科学知识哲学共同颠覆了中国传统文化的价值标准。五四新文化运动的主题，是在西方先进思想的影响下用科学和民主精神来推动社会改造，这时期的连环画成为早期的共产党人倡导革命的文艺价值观的宣传利器，其风格黑白分明、感染力强；在人物的塑造上也因为民族主义高涨，忠奸分明，从人物动态上就可以区分人物的性格，褒贬分明。毛泽东的人民主体艺术观构建了具有中国特色的马克思主义艺术学理论体系，并成为统领全国的主流审美观念。20世纪70年代以来，伤痕文学、反思文学、改革文学始终高扬人性和人道主义的旗帜，渴望消除现实生活中的不合理现象和建立理想的人生状态，接踵而至的新潮文艺和大众文艺则消解摧毁了理想人生的神话，而以虚无主义、享乐人生、游戏人生的精神价值观取代了连环画艺术家的崇高社会责任感和使命感，连环画形式多样。20世纪90年代以后，市场经济的迅速崛起形成了声势浩大的大众文化潮流，世俗化的艺术和昙花一现的文化快餐促使人们的审美观发生了深刻的变化，艺术的认识功能、社会功能、教育功能受到抑制，娱乐功能、游戏功能和感官刺激功能则得以强化，连环画艺术的单一性，已不能满足大众的需求。

总之，市场经济带来社会繁荣和经济发展的同时，也极大地冲击了人们的审美理想，大众消费的世俗趣味在更加具有视觉感官刺激功能的电视电影广告等媒介的冲击下也给连环画艺术带来了巨大的冲击。

三、大众传播媒介对连环画的影响

关于传统连环画艺术的衰落,还可以从更深角度加以讨论,这就是大众传播媒介对连环画艺术的巨大影响。

在考察当代审美文化的内涵之时,传播媒介是一个值得深究的话题。因为,假如说造成连环画衰落的直接原因是人们审美需求的改变,那么,间接原因就是大众传播媒介的出现。这意味着,在人类美学历程中,一种美和艺术的死亡,往往间接决定于意识形态的改变,但在当代,情况发生了根本的变换,操纵这场美学变换的不是来自意识形态,而是来自于大众传播媒介。

所谓传播媒介是一个含义广泛的概念。就其发展阶段来看,则大致经历了口语媒介——印刷媒介——电子媒介的发展演变。人类最早的传播媒介是口语媒介,时间截止到15世纪。它以人的自然之躯作为媒介,活动方式是一种直接的交往,形象鲜明,主观色彩强烈,其真实程度很差,传播的范围也很有限。15世纪以后,印刷术的普及,成功地改变了世界。可以批量复制的文字取代口语成为新的传播媒介,成为印刷文化。它由人类的自然之躯之外的工具构成,导致了直接交流向间接交流的转变,科学性、客观性大大增加了,同时抽象性、思想性也大大加强了,这种媒介革命打破了知识的权力垄断,媒介本身也被大众化了。印刷文化是一种以内在引导为主的"读"文化。20世纪,电子文化迅速崛起,以卫星、电脑、影视、广告、广播、传真、电话等为代表的大众传播媒介,在空间上、时间上得到了空前延伸。阅读不再是一种主要的接受方式了,大众传播媒介颠覆了印刷媒介的霸权,更颠覆了现实与形象的关系,形象不再是现实的反映,人与现实的关系,也从文字、图画转向了图像、直观、直觉、表层、形象,无须思考。

而典型的心态也从负罪感转向了焦虑感。这又形成了以信息力量为核心的文化,其最为突出的成就是文化工业,最为核心的人物是明星,最为典型的艺术类形式是影视,最为根本的价值标准是美与丑,这是一种以他人引导为特征的"看"文化。

传播媒介的改变必然表现为美和艺术的转变。确实,大众文化为美和艺术带来了新面貌,但对传统连环画艺术也带来了巨大的影响:直接导致了大众消费习惯的改变。我们所接触的传统连环画艺术是以印刷文化为基础的,是一种高雅与通俗结合的美和艺术。它以生动的人物形象,加上文学语言还有"实指"

与"能指"、"表意性"与"表情性"等多种层次。而电子媒介强调的是形象而不是语言，是直接交流，接受起来十分轻松，更能迎合人也更能欺骗人，它在走向消费并告别传统。艺术媒体、美学内容、发行渠道、读者趣味、审美观念都在发生巨变。连环画亦然。同时，大众传播媒介成为连环画的本体存在的一个组成部分，欣赏被消费顶替。正如雅思贝尔斯所说："大众传播媒介正以自然科学为根基，将所有事物都吸引到自己的势力范围中，并不断地加以改变和变化，而成为一切生活的统治者，其结果是使所有到目前为止的权威都走向了灭亡。"连环画的传播媒介也在转变。

四、卡通动漫对连环画的影响

很多学者简单地把中国连环画衰落的主要原因归结为外国的"卡通动漫"的冲击，其实不然。

1985年，这一年中国的出版连环画约3000种、8.1亿册，但大多数成了积压品，64开通行本每种发行量由十几万、几十万册骤降到万余册、几千册。许多选题因征订数过低而搁浅，有的订数连最低的开机印数都达不到。1986年全国连环画出版总量下降至1.3亿册，1987年再降至7000万册。从印量上，可看出1986年是中国连环画由盛到衰的分水岭。

而在我国大陆引起漫画热的《圣斗士星矢》，在1986年才刚刚开始创作，1989年被引进大陆，并流行一时，其主要功劳是盗版商。这期间引起轰动并受到青少年追捧的漫画还有《七龙珠》、《变形金刚》、《机器猫》等等，其引进时间都在1989年左右。由此可见，"卡通动漫"并不是导致连环画衰落的主要原因，它只是加速了连环画衰落的过程。

第三章　视觉文化传播中的连环画艺术

　　当今时代，消费主义的意识形态是当下日常生活的基础；与此相应，日常生活的意义被放大为文化的中心并被神圣化，而昔日的现代性的神圣价值则被日常化。正是源于消费时代技术的专制与市场逻辑的横行，高雅文化的至高地位受到强大冲击，传统经典艺术的创造方式和审美理念不再适用于新兴的大众文化或者大众艺术，技术和市场在文化领域的强力介入使当今时代出现了一种明显的文化泛化与审美泛化的趋势。20世纪后期，出现了现代人的媒体化生活和消费性艺术，它们对传统的文化的巨大消解使当代中国社会空前复杂地交织了多元文化因素，对经典观念的颠覆和消解成为潮流，而经典文化的失宠与随之形成的焦虑已成事实。人们的阅读习惯特从"读"转变成了"看"，读图、速食成为大众的热宠。而连环画的"图文并茂"、连续性、通俗性、娱乐性、故事性等特性，在当下依然备受大众喜闻乐见。

第一节 大众文化——读图时代的连环画

自由、开放的文化政策促使了文化的繁荣，大众文化随之崛起。它以多元化、娱乐化的价值取向泛化进大众生活的方方面面，大众的审美趣味发生改变。与大众文化携手而来的大众传媒，打破了传统的文化传播方式，读图时代随之到来。与此同时，大众传媒以快节奏、高时效地传播促进了全球一体化。

一、文化的大众化与多元化

中国从经济体制改革过渡到全面改革，现代化的大工业生产使生产力的水平达到一个新高，创造出比以往更丰富的物质财富，充分满足了人们的物质生活需求。人们在解决生存型问题之后，开始追求精神层面的消费，大众消费结构也全面升级，重视物质产品所包含的文化价值。社会对文化消费品的需求量越来越大，在消费与生产交互联动的工业化时代，需求便是生产的根本动力。文艺的创作不能再以功利的审美价值为最终目的，也不能高居于幽静之处，一切都进入新的运作系统，文化工业时代所产生的文化形态便是大众文化。

与大众文化携手并进的是大众传媒，在大众传媒中，电子媒介无疑起到主导作用，数字式电子传播技术和媒介成为信息与文化传播的高速通道。"信息革命创造了跨越国境的虚拟社会和网络"，信息的全球化，拓宽了大众的知识面，接触到了以前从未涉及过的事物与观念。国民整体素质得到提高，并强化了自身对文化的理解、吸收能力。文化不仅在全球范围内被快速传播、得以普及，并且还促进了多元的民族文化相互融合、联系、交流和强化。各民族文化在全国范围内交融共生，使得传统文化模式发生改变，大众的传统价值观也呈现多元趋势。

一个新的审美时代伴随着大众传媒的繁荣而到来，文化艺术与大众生活更加亲近。过去社会中，属于社会先进阶层的精英文化只是在非常小的范围内流传，是少数人的文化，它强调艺术的独创性，具有较高的文化内涵和审美价值，但对于占人口绝大多数的人民大众来说是陌生的。而信息时代的到来使"信息和娱乐之间从来就不像某些人想象的那样有一条明显的分界线，而且在当今的大众传播媒体中二者之间的界线越来越模糊"。

各种文化通过机器与电脑进行大规模地复制,在大众传媒这一万花筒的折射下,呈现出多元化的价值取向,模糊了精英文化和大众文化的界限。而日常生活也变得艺术化,大众消费文化变成很平常的一件事,艺术以亲近随和的姿态走进大众生活。而这种艺术化,是对精英艺术的消解,回避了一些需要深层思考才能理解的难点,消费者从感官上便能得到艺术所带来的快感。这对侧重"文以载道"的连环画无疑是一种打击。

二、"读图时代"

随着大众传媒不断革新,数字影视动画、多媒体以及网络技术等新生的视觉传播方式相继普及。电子传媒的图像叙事方式使图像符号代替非具象性的符号,由于它通过动态具象叙事直接作用于人的视觉,比静态图像叙事更直观、可视性更强。文学作品、古典文学名著等通过电视电影的连续动态叙事,可以说是连环画连续情节线性叙事的升级版,大众只要通过浅层阅读便可获得信息。

视觉观念由于受到新的视觉传播方式影响,而打破了传统传播媒介所限定的阅读方式,随之而来的是"读图时代"。从形式上看,大众更易于接受"感官"的文化产品,在"感官"之中,最重要的是"视觉"和"听觉"。图像与文字相比,更加直观化,文字作为语言的符号,是信息的间接载体。"如果说从图像的角度进行定义,文学是以图像为基础进行表现的,抒情、心理描写等虽不直接与图像相关,却可视作图像的衍生成分。"

这里的文学是指以语言文字为媒介表现人的内心情感,也就是说作家们将自己的生活经验合理想象后转变为文字,而读者又将这些抽象的文字转变为模糊的视觉经验,可以说,视觉经验一直参与作者创作和读者阅读的过程。而图像的优势在于,它直接将视觉经验展现给读者,影像则更加直观、易懂。连环画的完整性与连续性,主要通过文字线性叙事将图像有节奏地串联起来,图像使故事情节更加生动,读者在理解文字文本的基础上来阅读、欣赏图像,增加阅读趣味和动力。"读图时代"的来临,也意味着生活与艺术的边界逐渐变得模糊,同时还使公共话语与私人话语变得界限不清,形成了当代文化的图像优势,标志着图像主因型文化取代传统的语言主因型文化;"读图"的流行也意味着对待文化正在告别"语言学转向",而进入"图像转向"的新阶段。

在连环画孕育的历史长河中,"图"与"文"就是结合的。连环画的传统功能是讲故事，但没有规定连环画只能讲故事。以连环看图的方式来带动文字阅读，可提高阅读兴趣，这是众所周知的。情节的连环画体现时间流程中的空间变换，有上下文的连环关系。在视觉表达上，能借助情节尽量借助，而象征性语言也是惯用手法。在"读图时代"连环画的艺术样式大量地被运用到平面广告、书籍装帧、包装设计、景观设计等诸多设计领域中。如从思维的连环特性看，连环画的连续性就在图示设计中广泛运用，图示设计图是一套用于描绘某些事物（通常可能是一个系统、结构或过程），而连环画的样式可给每个环节配以画面及一个醒目的标题和一些言简意赅的说明文字，图文互相映衬，互相烘托，形成说明语言与造型艺术的完美结合，这些优点都为图示设计的图文结合提供了足资借鉴的范例，使图示通俗易懂。现代的交通图标或环境导视图标设计等也有连环画的影子。

第二节　流行文化——偶像、影视中的连环画

　　流行文化的出现是在 20 世纪 60 年代之后，这是流行文化生成的时代注脚。20 世纪以来，人类惊人的创造力，使社会发生了巨大变化：光电技术推广运用，计算机广泛使用，印刷技术得到更新，个体作坊式的艺术生产变成了现代工业的批量生产，令人敬畏的高雅活动也变得平民化。这些都为流行文化的广泛发展与传播创造了条件。可见流行文化的产生与时代的重大变革——经济全球化、意识形态变革、媒体革命、高科技与互联网等有着千丝万缕的联系。

　　而伴随着流行文化的产生，人们也开始了对其概念的探究。首先对于"流行"一词，英国文化学者威廉斯认为有四种意思："被许多人特别喜欢的"；"较低等的制品"；"希望赢得人们喜欢而蓄意制造的作品"；"那些事实上是为自己而制造的文化"。因而，任何流行文化的定义都将会把文化的不同意义与流行的不同意义进行结合，产生各自不同的界定。比如汉密尔顿就曾定义流行文化为"通俗的（为大众而设计的）、短暂的、易忘的、低廉的、大量生产的、为年轻人的、诙谐的、性感的、欺骗性的、有魅力的、大企业式的"。

　　因此，在前人研究的基础上，通过对流行文化产生的历史背景的了解，根

据流行是指"一定时期内一定群体以相似的社会心理和价值取向为基础,对某种行为模式、社会风尚和生活方式的选择、崇尚和追求"这一概念,以及文化的广义定义,将流行文化界定为——在现代工业社会背景下所产生的与市场经济发展相适应的特定生活方式,是一种以现代传媒为载体,以批量生产为特征,以追求规模商业利益为目的,集中满足青年群体的感性娱乐需求的文化形态。

"流行文化"的内涵和外延具有明显的时代特色,经历了由贬斥到褒赞、从"乌合之众"走向"大众流行"的情感变色过程,同时因其与文化产业的不解之缘而成为主导舆论吹捧的明星。这种文化形态的主要特点,是具有鲜明的信息性、科技性、商业性和产业性,具有强烈的实用功利价值和娱乐消遣功能,具有批量复制和拷贝的创作生产方式,具有快速、直观、应时、随意的创作特点,具有主体参与、感官刺激、精神快餐和文化消费的都市化、市民化、泛社会化的审美追求,特别是具有与西方后现代文化及广义市场经济文化的契合性和呼应性。连环画在电影、电视剧、影视广告中也有不俗的表现。

一、连环画与影视动画的联系

传统连环画与影视动画一样都是用画面讲故事,都是以绘画为基础的艺术形式。但是从更大的范畴来说,连环画属于绘画,而影视动画则属于电影。连环画是由多幅画连贯起来形成一部作品,但每幅画所描绘的内容,往往是画家认为最有表现力的瞬间动态和相对静止的空间。动画却不一样,它必须通过多幅的单帧画面集合来表现动作的运动过程。同时,影视动画要在满足动起来这一基本要求的同时,还要用"蒙太奇"的表现手法,将分切开的一个个具有声画内容的镜头组合在一起才能形成一部作品。这是动画和中国传统连环画最显著的区别。但是,我们仔细分析影视动画创作环节时不难发现,影视动画的画面分镜头剧本,其语言和连环画语言有着异曲同工之妙,甚至可以等同。它们和漫画创作中的多格漫画原理一致,只是表现技法各有所长。这种在语言上的一致性,恰恰是将中国传统连环画创新和影视动画创作联系在一起的关键点。

一部好的影视动画,完全可以在没有任何台词、旁白、字幕注解等辅助的情况下把观众牢牢地吸引住,叙事清晰、抒情到位。这是因为电影着重于用画面进行叙事的研究,形成了一套用画面讲故事的独特语言。那么,同样是用画面讲故事的传统连环画创作与影视动画创作在艺术思维上就不矛盾。将影视动画的叙事语言巧妙植入连环画创作中来就可以实现连环画与影视动画的共同进步，和谐发展。

影视动画是运动着的时空声画艺术，而连环画是静止的二维的平面艺术。两者在动与静、声与画、构图方法不同等表现手法与艺术特性上还是存在很大差距的。突破维度上的束缚，让影视动画蒙太奇理念重新构架连环画创作中固有的思维模式，大胆巧妙地使用画面中的声音语言在连环画创作中，以电影分镜头台本的创作理念与形式结合连环画自身特点进行新的尝试。

名闻世界的捷克长篇漫画《丁丁历险记》，不仅多年来在读者心中和市场上长盛不衰，而且其衍生产品就达上千种。好莱坞大导演斯皮尔伯格更是以3D动画电影的形式将其搬上大银幕，全球范围内稳坐同期上映影片的票房头把交椅。这个例证很好证明了经典漫画和影视动画相互结合，互助互长的关系。我们的中国传统连环画和影视动画关系亦是如此。

二、把中国传统连环画与影视动画创新相结合

打破连环画图配字的单一模式，将影视动画的动态语言植入静态的连环画，使画面更具有张力。将影视动画剧作观念植入连环画创作，使连环画的整体叙事更加流畅准确，富有层次感。将动画、漫画的造型设计与传统的连环画形象设计融合统一，不仅提升连环画形象的可看性与趣味性，同时对今日中国动漫民族之路的探索与追求亦有借鉴。运用电影的镜头语言进行连环画画面设计，使连环画的单格和多格画面叙事、抒情更加准确，更具有运动的节奏感。影视动画蒙太奇语言全面应用在连环画创作中，使连环画作者无论是在连环画整体结构的构建还是单格画面的构图设计上，形成一个科学合理、全新的创作思维。将影视动画的分镜头技法和剪辑理念应用在连环画的多个画面设计中，强化作者使用画面进行叙事时的准确度，使读者观看时更加明确画面内容，提升阅读兴趣，获得审美愉悦。

同属于视觉艺术范畴的影视动画历经百年，其经验的形成深受历史悠久的最直接视觉艺术——美术的影响。影视动画科学、先进、独特的艺术语言也势必会被处于困境中的传统美术形式——连环画所吸收汲取。同样，中国传统连环画那浓郁民族风格的美术样式值得影视动漫创作者去认真研究，主要包括在影视动画构图、动画线条训练、人物形象设计、影视动画场景设计等具体的创

作环节中的应用。同时，经典的中国传统连环画作品可以直接与创作教学对接，使曾经的经典尽早搬上我们的影视动画银幕。这种反哺式的尝试与应用不仅对中国传统连环画的创作起到很好的作用，满足读者对高质量连环画的审美需求，更是对中国影视动漫创作提供一个全新的思路，使我们的影视动画选题更加丰富，创新有的放矢，更是为"中国动漫民族之路探索"这个业界大命题提供一个强有力的论据。

此外，连环画还为我国的电视连续剧提供了参考。1994年岁末，大型电视连续剧《水浒传》就是聘请戴敦邦担任人物造型总设计。《水浒传》中丰富的文学艺术形象，激发了众多画家的创作灵感和冲动。明清两代，就已出现了可观的插图版本。这些插图，或依回目，或据情节，犹如连环画。此外还有杜堇、陈洪绶画的水浒人物像。绘画水浒的当代画家不乏好手，而最负盛名，有至高成就的，莫过于戴敦邦先生。20世纪50年代末，他创作的连环画《三打祝家庄》一炮打响。此后，他陆续为多种版本《水浒传》配绘插图、封面，创作水浒人物，令海内外读者击节叹赏。戴敦邦用两年时间，完成了一百八十四幅水浒人物造型。画像中所传达的那种人物性格准确的神情，为导演组选演员提供了最生动的写照。戴老的神来之笔，也给服装设计、化妆设计提供了依据，甚至演员的表演也是抓住戴老笔下人物瞬间的准确神情，以此为突破，进入角色创作。在电视连续剧《三国演义》的创作中，无论在人物形象上，还是服饰设计上也大量的借鉴了连环画《三国演义》。

第三节 青年亚文化——视觉自由的连环画

青少年意味着一种自然生命与感性欲望的生存方式，而青春气息和反抗陈规就是这种生存方式的常态。亚文化是指一种暂时屈居次等地位，受到主流文化排斥和压抑的文化形态。青年亚文化，是指主要体现在青年人的创造性实践之中的生活方式。连环画中的元素在深受青少年的喜爱的电子游戏、卡通动漫、城市涂鸦中也得到了延伸。

青年亚文化代表的是处于边缘地位的青少年群体的利益，它对成年人的社会秩序往往采取一种颠覆的态度,所以,青年亚文化最突出的特点就是它的边缘性、颠覆性和批判性。问题在于这种处于破坏、颠覆状态的亚文化容易使涉世未深的青少年产生错觉,从而将全部媒体上的青年亚文化内容当作主流文化来接受,把亚文化宣扬的价值观念当作主流的健康的价值观念来吸收。其实,青少年就是借助使用媒介这一活动来实现对成年人掌控世界的逃避和抵抗,由于这一亚文化是青少年自己亲身参与创造的,因而它媒体多于传统媒体。

游戏作为多元化的文化产物,随着时代的变换,游戏主角的设定已经不是过去简单的动作片硬汉形象,这就是和平时期的审美观,人们追捧的不再是大英雄,而是能满足视觉欲望的东西。这样,"虚拟偶像"一词产生了……游戏中的美术不仅给我们带来了视觉上的享受,连环画的人物造型,丰富的故事情节为"游戏的多元化"做出了不小贡献,无论对游戏本身而言,还是对玩家而言,都有着比较重要的意义。

通过对"网游"中相关角色服饰设定的分析,不难发现网络游戏不仅仅是用来娱乐与消遣的电子产品,同时也是全球化影响下一种文化交流的产物,它在某种意义上对占国民总数中比重很大的年轻玩家的审美情趣和价值取向起到一定影响和导向作用(如图3-1)。而网络游戏中的角色服饰设计,正是游戏文化品质中关于人生观、价值观和审美情趣的重要表现形式之一。在当今社会,伴随网络游戏急速发展所引发的社会问题不容小视,我们在强调经济利润的同时,应试图从社会学角度,把网络游戏从某些人眼中的"电子精神鸦片"转变成"电子精神食粮"。从审美情趣上看,也可以普及和提高艺术审美情趣与文化修养,以作为提高国民综合文化素质的有效补充。对于国内的游戏设计开发人员来说,大量的国外"网游"的充斥,也是一种文化侵略与渗透的手段,给我们国家的民族文化特色带来严重冲击,因此国内游戏设计人员,不能只是抄袭韩国模式,把欧美的骑士改为武侠,日本的卡通改为中国的水墨加民族音乐。急功近利,盲目抄袭,缺乏创新,对于网络游戏这种高技术含量与深厚文化内涵的产业来说,是致命的。而连环画中的东方特征,必将促使目前国内"网游"中角色卡通服饰设计的发展趋势由同质化走向多样化。

第三章 视觉文化传播中的连环画艺术

图 3-1 《梦幻诛仙》人物设计图

第四章 艺术设计对连环画的影响

艺术设计作为一种审美文化创造活动，无疑是与整个社会、政治、经济和科技文化相关联的创造性活动。任何艺术设计都不可能离开设计赖以进行的社会、政治、经济和科技文化所给定的语境。在某种程度上，任何艺术设计都是特定历史的或现实的文化语境影响下的选择性创造。连环画也随着艺术设计观念的变化，其艺术样式融入姊妹艺术中。

第一节 现代功能主义影响下的艺术设计

现代功能主义相信，设计的理性主义美学逻辑可以为现代的物质世界和文化世界立法，通过功能主义的理性设计可以为现代性进程中的物质世界和文化世界确立秩序，通过现代设计可以给人们带来一个富有理性和秩序的美好世界，希望在现代工业和科技的进程中打破古典的美学和文化逻辑，确立新的文化和美学类型。

确实，在传统美学来看，美的设计应该是一种具有形式的情感性和内涵丰富性的东西，是一种具有审美的和文化的可解释性的东西，而不是现代功能主义的结构纯粹和形式的简单。如果单纯从艺术和美学的逻辑来看，设计作为一种审美的创造活动，现代设计应该在传统设计美学类型和逻辑基础上进一步的延伸和发展，应该在传统美学和艺术的基础上变得更加丰富和深刻。而现代设计的发展历程却恰恰相反，它不是在传统艺术的艺术和美学逻辑上顺时地向前发展，而是颠覆和摧毁了经典美学和艺术的审美原则和设计逻辑，与传统的情感性和内涵的丰富性相反，它走向的是一种结构的纯粹和形式的简单。

从审美角度看，人们从现代功能主义的设计中所读到的内涵是那样的贫乏，其中的所蕴含情感性是那样的单薄。然而，它却成为一种人们所普遍接受并看成是美的东西，这不仅仅是有现代设计师的个人创造和审美趣味决定的，同时也是由现代设计师所处的整体社会历史环境跟审美文化所综合决定的。现代功能主义也使设计和大众审美走上了单一性。

第二节 后现代主义影响下的艺术设计

当我们仍然沉醉于现代性设计叙事性中的文化想象时，西方的设计已经开始了所谓的新的后现代设计。他们已经厌倦了现代功能主义的理性原则和美学逻辑。后现代设计正是在新的文化语境影响下所发生和产生的美学运动，是在新的文化下对现代设计原则的解构和颠覆。

于是，人们看到了，后现代设计是以一种多元化的设计潮流展开的被称为"语义性混乱"的设计。这种情景的出现，正如现代功能主义的设计逻辑和美学原则不是来自于传统艺术的延伸一样，后现代设计的"语义性混乱"也不是现代设计运动的美学逻辑发展。物质和技术增长的社会生活，要求艺术设计创造一种富有民主性色彩的文化。人们对个性化的需求增长，要有富有个性化的设计。单纯的功能主义不再能满足人们的需求，单纯的理性法则不可能满足人们日益增长的文化和心理的多样性和丰富性。

当代艺术设计，在各种艺术观念和艺术形式的杂交生长下，其多元化的趋向，在某种程度上正体现了当代艺术设计的丰富性，体现了设计领域的某种多元化的探索方向，为艺术设计的形式变革、语汇变革及功能价值取向提供了多种可能性。同时也为人们的生活需要和文化需要提供了丰富的和多元的可能性。它充分展示了当代生活的民主趋向与审美文化的多元性。

第三节　当代艺术设计中的文化语境

当代艺术设计试图超越现代主义的艺术和设计观念。在新的文化和美学语境中创造新的艺术和设计范式，对现代主义的超越和后现代主义的建构体现了当今艺术和设计的过渡性的转型特征。解构现代主义的设计逻辑和后现代主义艺术和设计的语义混乱，展示出当代艺术和设计多元文化，体现了从现代设计以来的设计领域中的一种多元化美学变异。

在当代艺术设计中，人们很难用一个标准和美学类型去概括它们，它们并不遵循一种设计逻辑和一种美学原则。恰恰相反，它们所要做的，就是打破现代设计的一元化逻辑取向，它们的美学不是试图为现实生活和物质秩序立法。在某种程度上，它们是为了证明现实生活和人们文化需要的多样性和丰富性。孟菲斯的激进设计、后现代主义设计、极少主义、平庸设计，它们都在试图以自己的设计语汇展示现代现代生活需要的多维性，并在这种展示中探索设计的新发展。它们构成了当代艺术设计中的主流话语，展示着当代艺术设计的新的美学语汇。它们不属于某种统一的风格类型，而是属于许多"风格"，人们很难用古典主义的美学语汇对它们进行评论，它们显示的是试图重新在设计和人们的生活之间寻找新的文化和情感联系。

我们可以在许多领域，如建筑、绘画、时尚、影视广告中看到，组成世界的风格方法不是一元的而是多元的。当代艺术设计所显示的文化和美学特征，已经超出了原有的类型边界。许多设计物品不仅具有它们自身的特征，也同样分享了其他物品所具有的特征。与其说当代艺术设计试图在为世界生活确立某种风格，不如说当代艺术设计所要做的是打破某种风格的垄断。

后现代知识状况下的艺术设计，是一种多方面知识渗透和融合的设计文化视野。后现代知识和后信息时代的知识特征是知识交叉、信息爆炸、传播迅速、日新月异，构成了一个在学科上融合渗透、全球化的文化语境。连环画艺术在这种文化语境下也频频出现在人们的视觉中。

第四节　数字化艺术设计中的连环画创作

一、中国连环画与数字媒体的关系

数字媒体艺术和传统的连环画互补发展，促进文化交流工作。在信息极为发达的当今社会，数字时代的到来，使人们的生活发生了很大的改变，不仅仅是生活方面，包括学习、工作也是一样，这些影响也是必然的。信息收集采集、传播方式，包括信息的接收都说明了这是主体的社会活动。我们生活在信息社会，就必须利用计算机把信息的传达做到最好，传统的方式在信息的扩散和时效性等方面都存在它的劣势，数字信息是时代发展的产物，这是一种进步。改造传统现代数字方向，实现传统的"实物导向"转而向"信息导向"来发展，突破传统的中国连环画受到时间与空间的限制，这将是图形信息社会发展的必然选择。

数字媒体技术可以克服时间与空间的限制，弥补中国连环画由于纸张传播的不方便而出现的劣势，中国连环画艺术创作者可以将专业收集的信息，通过现代科技网络的传输方式更直观地反映给观众。与此同时，广大观众可以随心所欲地选择自己需要的信息。在社会服务方面，数字技术的信息交流、科研、教育和其他功能都起到了很大的作用。

首先，数字技术和中国连环画之间的共生关系。其建设需要与传统艺术密切相关，所以它的产生并未脱离传统的艺术，并不是孤立存在的，而是基于中国连环画艺术作为建立数字漫画艺术的实践基础。数字艺术基于数字处理和集成的所有资源。因此，传统的连环画艺术与数字漫画艺术互补发展，相辅相成，前者作为后者的生存和发展的基础，后者是前者的深化和扩展。

其次，数字技术和中国连环画之间的拓展关系。数字技术可以扩大传统连环画的传播方式，利用互联网，我们可以实现很多传统的传播和创作中不能实现的想法，比如说数字技术可以使图画进行高清展示，可以赋予它动态的画面效果，同时基于互联网这样的好的创作交流平台，对于鼓励激发创作者的热情和刺激他们的灵感都有好处。利用新的技术手段来创作中国连环画，也能刺激艺术家们对中国连环画的复兴而做出努力，并改善传统连环画艺术的社会意识。

二、数字时代中国连环画的特点

（一）数字时代中国连环画的表现形式

随着数字技术的广泛应用，以互联网为代表的新媒体，正在影响着读者的阅读观念。上海人民美术出版社积极探索和研究连环画创作出版的规律，邀请有关专家、美术理论家一起参与，共同探讨连环画该如何传承，让更多的孩子了解连环画，了解中国的历史和传统文化。以数字化的创作形式，对连环画原稿进行高精度扫描，可以让读者通过互联网看到自己喜欢的连环画。苏州西岸科技有限公司总经理林大为也谈到，传统连环画页数较多，有130～140页，读者没有时间一页页细读，在手机或者平板电脑上阅读以70～80页为宜。连环画如何有效利用人们的碎片时间，抓住读者，将成为数字连环画能否繁荣发展的关键。

数字连环画是不是把传统的纸质连环画进行扫描放进电脑来显示呢？其实不然，它是应用原来的图画作为标准，每幅图画都要进行认真的对比，进行连环画数字化处理，在页数减少的情况下，怎样把故事描述清楚是创作的关键。而以上的各种艺术形式都可以被传承，这跟数字技术并不冲突，只是要找到更加好的体现方式，比如可以利用一些软件来进行实现，就像数字水墨动画一样，也能达到很逼真的效果。运用数字技术后，中国连环画便具有了基于荧幕传播的一些优势，首先通过互联网能够使它得到广泛传播，其次数字技术能使它避免传统的出版所带来的一些劣势，传统的出版和印刷比较简陋，也造成书本传播过程中的损坏，数字技术带给它的高清、易于保存、兼容等优势，更有利于把中国连环画这门艺术发扬光大。通过数字信息处理和数字传输，有效地实现信息的共存，数字时代下数字媒体技术的发展使中国连环画艺术以实物式的存在方式被改变。数字时代下的数字化信息传播方式打破了边界的限制，能够将艺术作品形成统一，使之可以储存于庞大的、多样化的数字媒体的信息仓库之中。这样的数字媒体技术的运用使得艺术信息告别了以纸张、画布作为传播媒介的时代，从而进入数字化网络传播的新领域。随着高分辨率扫描仪和数码照相机这些设备的出现与更新，传统的中国连环画能够得以简便而准确地转变为数字图像，同时有效配合大容量存储设备而轻松实现信息的存储。这样使得绘画作品变得"不朽",在很大程度上改变了中国连环画的命运。这样的数字化存储方式其实是保护文化遗产的最好方式,数字化的存储方式与下载方式使得中国连环画故步自封的整体状态被打破,而艺术信息可以被修改。网络上的图片经过大量复制与下载后,大众可以利用一些平面软件,比如Photoshop等,依据自己的想法进行再加工与再创作,以满足自己的审美要求。

(二)数字时代中国连环画的特征

1. 数字化

所谓数字化就是将许多复杂多变的信息如图画的线条或声音信号转变为可以度量的数字、数据,再以这些数字、数据建立起适当的数字化模型,把它们转变为一系列二进制代码,引入计算机内部,进行统一处理,这就是数字化的基本过程。在创作的实践中,使用数字技术作为一种工具是必然的,但它并不排斥以前传统的绘画工艺,作品方面不依赖于绘画或雕塑,它是一个独立的个体,自身别具一格,这是数字媒体艺术的特征之一。如今,很多艺术类工作者在创作带有媒介的作品时,利用丝网印刷机、彩色打印机等手段,来创建和复制作品,将其与其他传统技术相结合,如书法和绘画,产生了与传统的艺术审美效果不同的作品,像电脑雕刻、电脑绘画等新的艺术种类。同样的,有些数字媒体艺术用电脑设计创建完成后,呈现的终极形式换了,不一定还是电子媒体,还可能是喷绘作品、数字照片或单帧的三维渲染图片等。数字媒体的核心是计算机创作。所以,它又被人们称为CG艺术,即通过计算机生成的艺术或者是计算机图形艺术。这几种艺术在广义上看来都是同义的,都是使用计算机作为一种绘画工具或者交流平台,按照艺术创作的规律来创作而衍生出来的作品。

当前数字媒体艺术已经在快速的发展,在现代艺术的各个领域里,都可以逐渐看到其影子的慢慢渗透,逐步深入进去。如今,媒体艺术主要是指使用视频、计算机网络等最新的高科技工具作为创作媒介,创作出来的艺术品。其中CG在现代电影工业等方面的应用,最能被我们快速接受和熟识。现代数字电影是完美的,不寻常的,而且用其绝对惊人的视觉和听觉双重效果,让人们有一个全新的视听体验,给大家一个颠覆性的感受。

如此看来,传统的中国连环画和数字技术下的中国连环画其实是一脉相承的关系,它们两者在表现内涵和表现形式上是一致的,只是以不同的制作方式产生。数字时代下的数字技术丰富了中国连环画的表达语言，同时也拓宽了中国连环画的表现方式。通过3D数字技术设计制作的连环画不仅让中国连环画的画面语言更具张力和多样化，而且扩展了中国连环画的运动空间，这必将是中国连环画未来的一个发展方向。三维数字技术使得中国连环画在数字技术领域里有着更为宽阔的发展道路，可以融合更多的元素、手法，进行创新，拓宽了其表现层次和深度。

2. *互动性*

数字媒体交互技术作为数字媒体艺术的一个重要技术基础，为艺术创作带来新的生命力，同时也为我们提供了一种新的思维理念。数字交互技术是融合了数字信息处理技术、计算机技术、数字通信技术和网络技术等的交叉技术领域，它是通过现代计算和通信手段，综合处理文字、声音图形、图像等信息，使抽象的信息变成可感知、可管理和可交互的一种技术。[1] 数字媒体交互技术的应用使数字媒体艺术呈现出鲜明的交互性。

数字传播媒介具有互动功能，已经大大改变了传统的大众媒体的单向传播特点。双方直接在数字艺术沟通和交流的平台上互相了解、交流、沟通。其互动功能，确定了受众方的地位，对于信息的接收不再被动，与传播者相互作用，实现身份的转变，从而改变自主权，使其拥有更多，更甚者参与到制作数字艺术中。数字图像作品从多个传输后的初始状态可能显示另一种风格，网络文学是通过多个作者和读者之间的互动而创作完成的，不同读者的意见和建议也许会改变创作者的创作意图和思维方式，通过传播方和受众方，受众方和受众方两者之间的交流互动，为大众提供响应的内容，了解他们的需求。交互从客观上看，把传播的时间和周期方面都延长了，但其实不然，双向的信息流动加快了其传递的速度，增强传递效果，使传播变得更加有意义。只要抓住了受众方的基本需要，媒体就可以直接有效地提供服务，从而在信息交互中使其加速流动。

与基于传统纸质媒介传播的中国连环画相比，数字媒体技术更能够满足受众的多样化心理需求，这是数字媒体互动传播的优势。随着数字时代下的互动传播的发展，大众对于信息的需求逐渐发生改变，发布者也需要更加关注对于信息的选择和发布，信息的发布者、信息来源，包括传播的渠道、噪声等都表

---

[1] 袁萱. 影视创作互动思维之数字媒体交互技术[J]. 电视字幕(特技与动画). 2009. 1.

现出了多元化的特征，这些都是数字媒体的互动传播要素。进行整体的归纳，我们则可以理解为多元化的排列与组合。借助先进科学技术，能够打造出虚拟的现实感，什么是虚拟与现实的结合？使虚拟情节在数字媒体的互动传播中有了身临其境的感觉和交互特性，这就是虚拟与现实的结合。数字媒体的中国连环画的传播相对于中国连环画来讲，数字媒体的互动传播更能让人体验到真实的身临其境的感觉。传统的形式更多则是提供感觉形式的手段。

传统媒体的传播特征只是一味地被动接受，而数字媒体的互动传播并非如此，它是传者和受者的互动化，基于视觉、听觉以及触觉的条件之下，从最早的单一语言到现在多国语言化，从局域网转变为互联网，这些进步都逐渐实现了全球的互动化。拿APP STORE来说，它可以说是最好的范例，在这个平台之上，我们可以选择不同国家的语言，并且根据自己的需要下载到全球各地所开发的不同种类的应用，从而真正实现全球互动化。

3. 开放与共享

数字媒体的另外一个特征就是开放和共享，如何来理解？我们知道数字时代是可以基于互联网来进行传播，我们通过互联网可以实现信息的共享，我们可以随时下载想要的信息内容，也可以通过这个平台分享给朋友。传统的中国连环画，也就是图书的形式，我们是通过购买和借阅的方式来实现阅读，那么难以避免的是在借阅过程中会造成书籍的损坏或者遗失。把中国连环画通过数字化的处理，使它具有数字化的一些特性，就可以解决传统的阅读方式中存在的一些弊端，我们在互联网进行信息的共享，不用担心信息的遗失，同时它可以永久的保存，这也有利于这种艺术形式的保护。数字媒体的开放性特征，使得艺术的道路更加公平，不受资金和各种艺术评论的限制，艺术家们不需要为作品展示的场地和宣传费用而烦恼，只要将艺术作品转变成为数字图片，然后上传到网络空间里就可以实现艺术作品的无限传播。它形成了艺术作品内容和形式得以更好传播的传播体制，能够赋予大众更大的文化权利。这样的转变突破了这种自上而下的统一管制手段，形成绘画艺术传播的真正自由。

（三）数字时代中国连环画的传播方式

现在数字化的连环画也有一些，可并不能说是完整的数字化，它只是将传统的图书进行扫描，就像我们可以在中华图书馆上所阅读到的一些连环画书刊，

第四章 艺术设计对连环画的影响

有些扫描得很粗糙，甚至还使一些内容有所缺失。中国连环画是中国文学和绘画的结合体，在生活水平不高的年代，中国连环画还充当了政治宣传的工具。在1949年之后，又滋养了几代人，陶冶大众审美的情趣，感染和培养了大量的优秀艺术家。与此同时，作为一个受欢迎的艺术形式，它既包含绘画的特征，又包含了文学叙事的特点。20世纪90年代前出生的人，对中国连环画印象十分深刻，谈起它时都还十分欣喜，这也足以证明当时它的受欢迎程度。建国的早期，中国连环画成为文艺宣传的重要形式，有非常广泛的读者群，受到读者的高度评价和衷心赞赏。

　　传统的美术是与人类的文明与进步共同发展起来的。现在的数字化信息时代带给了传统美术以新的机遇，同时也带给了它新的挑战。数字艺术是伴随时代发展而发展的，数字技术与艺术的完美结合带给了人们的日常生活强烈冲击。它与纯艺术不同，它伴随着科学技术的进步而进步，同时也是美学艺术与科学技术的交叉与融合。艺术类型的不断进化，使虚拟艺术慢慢削弱了传统艺术的美好与生动。

　　中国连环画的数字化特征使艺术信息传播更加便利，任何网络终端都可以作为传统绘画艺术的传播和接收工具。相对于纸质的传播媒介，数字媒体的应用能够将文字、声音、图片等传播手段进行有机融合，扩大了它的范围。其次，中国连环画数字化的转变使艺术信息的来源更加多元与丰富。在新媒体环境下，通过数字化的处理方式，中国连环画不受书籍版面的限制和约束，各种信息资源都可以在同一平台有机整合，从而形成一个庞大的信息资源库。再者，数字媒体是开放性的传输模式，用户能够轻松地获取信息，为受众有效获取资源提供了保障。超文本链接方式的采用使信息资源在全球范围内能够更加自由，由一个文本跳转至其他相关信息，与此同时，还能使用搜索引擎获取相关内容和更为详细的信息解释。

　　中国连环画艺术的数字化传播方式也改变了艺术家的身份，在传播过程中，艺术家既是作品的创作者，同时也是作品的接收者，他能够更好地将"自我"转换成为一种传播的资源。在作品展示的同时，对大众进行自身的艺术特点和人格魅力的宣传，以提升自己的美誉度和知名度，进而实现经济效益的最大化和社会效应。数字时代的传播特征无疑也可以从传播的媒介来看出区别，现在的传播方式十分便捷，有手机APP、电脑、电视、影院、互联网等。通过数字化的处理，我们可以随时随地进行文章的下载与阅读，这是与传播的纸质传播最大的不同。

（四）数字媒体的冲击对中国连环画的影响

在互联网时代，随着传媒技术的进步，它的影响日益渗透着我们的日常生活，娱乐手段呈多元化趋势，游乐场、卡通人物、电子玩具到处可见。各种多媒体出现，它所具有的大众娱乐性质与传播的便捷都使得中国连环画一统天下的地位逐渐动摇。

传播媒介实际上是一个含义广泛的概念。单从其发展阶段来看，大致经历了口语媒介—印刷媒介—电子媒介的演变过程。在15世纪以前，口语媒介是人类最早的传播媒介。它以人本身作为媒介，方式是一种直接的交往，主观色彩强烈，形象鲜明，容易失真，传播的范围有限。15世纪以后，印刷术的普及改变了原来的生活。能进行大批量复制的文字成功替代口语，而成为新的传播媒介。它不是由人类的身体构成，而是由身体之外的工具来形成直接交流形式向间接沟通的转变，客观性与科学性都得到大大提升，抽象性与思想性也同时得到升华，知识权力的垄断被这种媒介革命所打破，而媒介自身也被大众化了。印刷文化也可以说是一种"读"文化，它主要是以内在引导为主。20世纪，电子文化迅速崛起，以电脑、广告、广播、卫星、影视、传真、电话等为代表的大众传播媒介，在空间上和时间上都得到了空前的延伸。主要的接受方式不再是阅读了，印刷媒介的霸权、现实与形象的关系都被大众传播媒介所颠覆，形象不再反映现实，人与现实的关系，也从文字与图画转向了图像，直觉、直观、形象、表层，无须思考。而观众的普遍心态也从负罪感转向了焦虑感。它形成了以信息力量为核心的文化，文化工业是它最为突出的成就，明星是其最为核心的人物，影视艺术是其最为典型的形式，美与丑是最基本的价值标准，这是一种以他人指引为特点的"看"文化。

传播媒介的改变必然表现为美和艺术的转变。的确，大众文化为美和艺术带来了新面貌，但同时也对中国传统连环画带来了巨大的影响：直接导致了大众消费习惯与大众审美的改变。我们所接触的中国传统连环画是以印刷文化为基础的。它以生动形象的人物，加上文学语言等多种层次营造一种集高雅与通俗为一身的美。而电子媒介所强调的是形象而不是语言，是非常直观的交流，更能迎合人也更能欺骗人，接受起来十分轻松，它在走向消费并告别传统。美学内容、艺术媒体、读者趣味、传播方式、发行渠道、审美观念都在发生巨变，连环画亦然。同时，大众传播媒介成为连环画本体存在的一个组成部分，欣赏被消费顶替。就像雅思贝尔所说：大众媒体是基于自然科学为基础，将所有的事物来吸引至他们的势力范围，并且不断尝试变化与改变，并成为生活的统治者，结果是让所有到目前为止的权威灭亡，连环画的传播介质也在转变。

第五章 连环画在儿童美术教育中的特征及其优势

第一节 连环画美术的教育方式

美术活动是儿童发展的需要,是他们成长过程中不可缺少的部分。因此,学校、家庭和社会等都应承担起组织儿童进行美术教育的任务和责任,为儿童创设一个良好的美术环境,使他们在各种美术教育活动中发展各自的潜能,并促进良好个性品质的发展。

一、学校美术教育

学校美术教育是教师根据儿童身心发展规律,通过有目的、有计划地实施美术教育活动来满足儿童表现、表达和创造的需要,从而构建儿童审美心理的活动过程。学校美术教育对促进儿童的全面发展起着重要的作用。

(一)美术教学活动

学校美术教学活动,是教师有目的、有计划开展的,以儿童为主体、教师为主导的双边互动活动。其主要目的是以有效的预设的目标,促进儿童全面发展。

以幼儿园为例,幼儿园美术教学活动的主要特点:一是活动内容的广泛性;二是活动方式的游戏性。广泛性是指幼儿园美术教学活动不同于中小学美术教育,幼儿园教师可以根据儿童的认知特点(具体、感性和直观的)从儿童生活的方方面面挖掘、派生出教学活动内容，为儿童提供有益的经验，促进他们健康地成长。游戏性是指游戏是儿童最喜欢的活动方式，通过游戏方式可以为活动的顺利开展提供重要的保障。幼儿园美术教学活动是通过幼儿园美术活动领域课程和结合其他各领域课程（如语言、健康、社会、音乐、科学、品德教育等）进行的。根据教育内容的不同，学校美术领域课程可以分为绘画教育、手工教育、美术欣赏等不同类型的教育内容。但是，在美术学科领域的教育活动中，这些内容往往是综合在一起的。也就是说，活动可以是围绕某一具体的艺术作品而展开，也可以是围绕某一专门的美术技能或美术知识而展开，还可以是围绕着某个特定的主题而展开。活动既可以是以集体教学的形式来组织，也可以是以小组合作的形式来进行，还可以是以儿童自发的探索为主。但是，无论哪种活动形式，一般都会包含有不同类型内容。例如，围绕着徐悲鸿的美术作品《奔马》而展开的美术教育活动，既可以包含美术欣赏的活动内容，也可以同时含有绘画的活动内容等。

目前我国幼儿园课程基本分为五大领域，在幼儿园的语言、科学、社会、健康等领域中都渗透着的美术教育内容。例如，社会教育中的美术活动，可以让儿童欣赏不同国家和地区的艺术家的作品，了解他们艺术表现的风格和特点。又如，在语言教育中的美术活动，教师指导儿童用语言描述自己对故事内容形象的认识和感受，用画笔再现故事或诗歌的内容。例如，音乐教育中的美术活动，儿童根据所听到的节奏、旋律、声音等，用绘画工具和材料将它们表现出来。

（二）美术角区和美术室

美术角区：也称为美术角，是一个供少量儿童自由欣赏和创作的美术活动空间。美术室是专门的美术活动室，如泥工活动室、绘画活动室，也可以是综合的活动室，如把美术室划分为绘画区、手工区和欣赏区。美术室的开放需要全校统筹安排，并由教师进行指导。美术角区和美术室主要是为了满足那些对美术有兴趣的儿童的需要，它可以让儿童在宽松、愉快的环境中尽情发挥创造性思维，发掘他们的创造潜能。教师在美术角区和美术室的主要作用是创设条件，儿童可以在这里选择自己喜爱的美术作品欣赏或用自己感兴趣的工具、材料画和做，表达自己的所思所想。

教师在美术角创设条件时，主要是为美术角区配置美术欣赏的画册、图片和美术创作用的工具、材料。这些工具、材料有些是常备的，有些需要定期或随时更换。儿童经常使用的笔、纸和颜料等应是常备的。在定期和随时更换的部分中，有一部分内容和工具、材料是从集体美术活动中转移过来的，它们可以使儿童感兴趣的活动在美术角区延续下去；另外，还有一些工具、材料属于先投放于美术角区，受到较多儿童的欢迎时，引入集体活动之中，使儿童感兴趣的活动得到扩展。美术欣赏用的画册等物则需要定期更换，这一部分内容的选配可以和集体美术活动相配合并适当拓宽一些。

由于美术区域中材料的丰富性和多样性，使儿童的想法不受材料的限制，儿童可以在这里选择自己喜爱的美术作品欣赏或用自己感兴趣的工具、材料绘画和做手工，表达自己的所思所想。如：在"鱼"的主题表现中，有的儿童会用蜡笔在纸上进行丰富的勾画，有的儿童会先用橡皮泥捏出鱼或用纸剪出鱼，然后再进行描绘。在儿童与材料的作用中，他们新奇的构思与大胆的表现使画面活泼而富有生气，不仅画得形态各异，表情、动作都非常生动、有趣，从中增强了儿童对艺术活动的创作兴趣。另外，由于儿童在美术角中的活动是自由的，他们的表现更为自然真实，因此，教师应注意观察儿童在美术角的表现，适时地给予有针对性的指导。同时，在美术角发现的儿童普遍感兴趣的美术活动可以引入集体活动，使之更充分深入地展开。

（三）美术环境创设

环境是重要的教育资源，应通过环境的创设和利用，有效地促进儿童的发展。美术环境是学校为儿童自由欣赏创设的外部条件，美术环境的主要作用是扩大儿童的眼界，使之受到潜移默化的艺术熏陶，于不知不觉中受到美术教育。学校的美术环境创设从空间和时间上可分为大的环境和小的环境，或户外环境和室内环境。大的环境是指各班除活动室以外的公共空间，包括学校建筑、室外活动场地、走廊等；小的环境指各班专用房间，包括教室、卫生间、活动室等。这些环境既是儿童在校活动的物质条件与基础，又是对儿童进行艺术教育的重要资源。所以，要充分发挥空间环境的对儿童的艺术教育价值。

第一，要创设以自然景物为主的户外环境。学校的户外环境是大自然的一部分，对儿童认识自然、接受大自然的熏陶具有重要意义，同时优美的户外环境又有利于培养儿童的审美意识。所以，学校户外空间环境创设应以自然景物为主，首先要考虑绿化，可种植四季树木花草，或以人造物作为点缀，也可因地制宜地做些艺术加工，有条件的学校还可以做些微型建筑来美化户外环境。如铺上石子镶嵌的路或草坪。这些既是儿童观察欣赏的景物，又可作为大孩子写生的对象。其次，总体上要有儿童生活气息，色调要明亮，绘画的主题要配合学校教育特色。如户外主墙面布置和利用，不仅主色调和空间造型等要素应与幼儿园环境的整体面貌协调一致，而且主墙面的内容应蕴含教育性，且适合儿童的认知层次，其形象和色彩表达，应富有童趣。

第二，创设以美化装饰为主的室内环境。室内环境是儿童近距离接触生活的环境，主要有走廊、活动室、卧室、盥洗间等。要充分考虑室内场地特点，创设以美化装饰为主的室内环境，发挥室内环境教育作用。在选择时既要考虑儿童的审美需要，又要考虑作品的艺术性，也就是说所选的作品既要是儿童喜欢能理解的，又要有一定的艺术水平。如各班专用房间中活动室是环境布置的重点，在这里主要是展示陈设美术作品供儿童欣赏。这些作品可以是艺术家创作的作品，也可以是儿童或教师的作品。怎样布置这些作品没有定则。在形式上可以灵活多样，较好的活动室布置是平面式的墙壁布置、立体的展台式布置与空中悬挂相结合；作品以立体造型、平面造型、实物照片、描绘装饰相结合为好。内容要既丰富又有主题，可以根据本班的教育需要或配合区域内容安排。

学校走廊、楼梯的墙面环境是对儿童进行艺术教育不可忽视的空间，教师应给予充分的重视。如走廊、楼梯的墙面布置要以简洁为主。如可以用画框装裱一些教师、儿童的作品和名家的艺术作品作装饰，在走廊设置儿童作品画廊，展示儿童不同时期、不同手法的绘画、手工艺品等。还可以沿着楼梯墙面，设置画廊，悬挂工艺美术品或名人名画，这样既增加了儿童艺术欣赏的空间，又有效地点缀了楼梯环境。对楼梯的防护栏，可在安全的前提下配合楼层总体色调油漆成不同的色彩或作些加工处理，做到富有童趣，方便自然，使儿童的上上下下，不再是重复单调的环境。还可以设置能够反映教学信息、家园联系、健康教育等栏目，使之成为家长了解儿童教育的信息窗口。

学校教室内是环境创设的重点，怎样布置没有定则。应该注意不仅在形式和材料的选择上注意装饰性，重要的是要紧密配合各领域的教育内容，体现一定的教育目标和儿童的可参与性。

（四）家园联系

对于大多数儿童来说，他们美术兴趣和能力生长的根源在家庭中。因此，学校的美术教育要与家庭保持紧密的联系，则可达到事半功倍的功效，取得最佳的教育效果。与家庭相配合家园联系的工作有二：一是幼儿园与家庭沟通，以协调两方面的教育；二是取得家长的协助，有效利用家庭中的教育资源。

首先，学校可以建立一些与家长沟通的渠道，了解掌握儿童的美术发展情况。如在班活动室门口的墙壁上设置家园联系栏，在上面展示儿童的作品，家长在接孩子的时候可以观看，了解孩子在学校都做些什么。还有开放性活动，即家长开放日，家长可以在这一天观看儿童的美术活动，更进一步了解学校是怎样做的。另外，隔一段时间，将儿童的作品整理出来，交给家长，也可以使家长更仔细地了解孩子。每日家长接送孩子的时候都是教师与家长交流的好时机，教师可以在此时向家长了解儿童在家中的情况：是不是喜欢美术，在家中画不画，做不做，做什么，做得怎样，等等。有时教师可以请家长把孩子在家中画的、做的作品带到幼儿园，给老师看，比较一下儿童在家庭与幼儿园中的表现，看看有无不同，然后做出反思和调整，必要时给家长提些建议。

其次，定期组织一些家园合作的美术活动，丰富美术活动内容。幼儿园的教育环境和资源是有限的，而家庭中有着丰富资源，如家长们各有自己的知识经验、能力专长、兴趣爱好，特别是儿童的直接经验对美术活动创作具有重要的意义，如定期组织一些家园合作的美术活动，可以丰富美术活动内容，使幼儿园美术教育更有效。如学校组织儿童外出多有不便，请家长在节假日、双休日有目的地带自己的孩子参观游览或参加一些活动，家长和孩子都会很乐意。在亲子活动的过程中，儿童那些独特的好奇心和问题可以得到很好地满足和解答。间接经验对于儿童美术创作也是必不可少的，在围绕某项事物创作期间，请家长协助儿童搜集一些有关的资料，汇集起来，会非常丰富。例如，在一个幼儿园中班以昆虫为题材进行美术活动时，孩子们从家中带来了各种各样的图片，其中一组图片真实地记录了蚕的蜕变过程，很吸引人，是一位家长从电脑中调出并打印出来的。根据材料的性状进行创作是培养儿童美术创造力的又一方面。请儿童把家中废弃的包装箱、包装盒、塑料瓶、布头、线头等捐助给幼儿园，可大大丰富创作的材料，也使儿童懂得节约和关心集体。总之，家园联系可以使学校的美术教育更有效。

另外，学校的美术教育还有一种随机的美术指导。随机的美术指导是指教师对儿童在自由活动时间内所从事的美术活动的指导。日常生活中，教师可抓住每一个机会对儿童进行随机的美术教育。例如，午餐后带孩子在校园内散步，和儿童谈论一年四季景色的变化，随机欣赏孩子们带来的新玩具、穿着的漂亮衣服，以及老师的发卡、丝巾等。

总之，学校的美术教育是儿童接受美术教育的主要场所，通过美术教学活动、美术角区和美术室活动、美术环境创设及家园联系等相互联系的整体，使儿童的审美能力、表现能力、创造能力得以提高，身心健康、完美性格及心智得到发展。

二、家庭美术教育

家庭是孩子从一出生就长期生活居住的场所，家庭中通过各种优秀的美术作品可使儿童从色彩、形态、结构等方感受到美，通过优美的艺术环境和良好的艺术氛围也可以感染儿童，使之成为幼儿园美术教育的补充和延续。

（一）家庭美术教育特点

1. 灵活性

家庭对孩子的美术教育可以在家庭生活的任何时候、任何场合进行，因此，家庭美术教育具有极大的灵活性。如：画家李钊在他的一本书上曾经提到"家是最好的画室"，儿童涂鸦阶段的涂鸦游戏是艺术启蒙，对儿童创造性思维的发展具有积极意义。父母可以抓住时机支持鼓励甚至和孩子一道进行涂鸦游戏，激发孩子的绘画热情。一方面可以规范孩子的行为，另一方面父母与孩子共同创作过程又是感情交流的过程。另外，逢年过节，一家人可以一起用各种艺术作品来美化家庭环境，提升家庭环境的审美性。

2. 长期性

家庭美术教育是和家庭生活紧密相连的。它渗透在家庭环境的各个方面，对儿童起着潜移默化的作用，并一直伴随着儿童的成长，因此具有长期性的特点。早期的家庭美术熏陶和启蒙可以使一个人终身受益。

3. 个别性

与其他艺术形式相比较，美术更有其独特性。儿童对美术学习的需求、兴趣以及自身美术能力的发展水平各不相同。因此，家长应该对儿童因材施教，根据儿童的需要、发展水平、个性特点等来选择和安排家庭美术学习的内容和形式，以满足儿童的个别需要。如果家长不能胜任家庭美术学习的要求，可以根据儿童的兴趣、已有的发展水平选择适合的美术学习班，帮助儿童在原有水平上获得提高和发展。

（二）家庭美术教育的注意事项

1. 创设良好的家庭美术环境

家庭是儿童最早接触的美术环境。要给孩子优美的、健康的家庭环境，首先家长要和孩子一起来创设温馨的、优美的家庭环境。例如，有的家庭墙壁上悬挂一些装饰品、绘画作品，在博物架上陈列一些工艺品等，能使孩子们在具有造型美、色彩美的氛围中受到美的熏陶。家长还可以在家中饲养一些小动物，如小猫、小狗等，种植一些植物，让孩子学着照顾、观察动物和植物，养成勤于观察的习惯。

2. 通过共同参与，培养儿童初步的感知能力

儿童感受美的能力不是天生就有的，需要家长后天加以培养。家长可以和孩子一起进行一些亲子美术活动，在活动中认识一些美术的基本要素，如形状、色彩、造型等。例如，家长和孩子做玩色游戏，用三原色（红、黄、蓝）中的两种颜色进行配色，观察颜色的变化，通过游戏让孩子认识到所有的颜色都是通过三原色变出来的；和孩子一起在纸上画线条，用不同粗细的笔表现不同形态的线条，从而认识到线条也是有"性格"的，不同的线条给人不同的感觉，如直线的平稳、折线的尖锐、曲线的优美等。

3. 通过欣赏美的事物，培养儿童初步的审美能力

艺术家罗丹曾说过："生活中不是缺少美，而是缺少发现美的眼睛。"家长为孩子选择欣赏内容时，要着眼于孩子的生活，要善于在日常生活中发现美，要善于利用居住地的各种自然条件和物质资源随时随地对孩子进行美术欣赏活动。例如，在城市，可以带孩子欣赏马路上来来往往的车辆，小区建筑风景，公园里各种类别的花草、树木，动物园里各种动物以及游乐场的玩具设施等。带孩子逛街时，可欣赏各家商场的橱窗布置、物品的摆设，各种广告招贴等。在农村，可以带孩子在田野里散步，观察田里的农作物，欣赏点缀在农田里的

乡村住宅等；有山水的地方还可以让孩子欣赏美丽的山川河流等，培养孩子初步的审美能力。

4. 正确对待儿童的美术学习

随着家长对儿童早期美术教育重视程度的提高，越来越多的家长把孩子送入各种美术班进行美术学习。对于美术学习，家长要持正确的态度和方法，特别是要注意以下四点：

第一，早期的涂鸦教育可以在家长的参与下共同进行。早期的涂鸦乱画是孩子的无意识涂鸦阶段，他也不明白自己画的是什么，只是体验工具材料给自己带来的快感，家长可在孩子的涂鸦作品上稍加添加，帮助孩子从中找到形象，这会进一步激发孩子的绘画热情。

第二，应根据儿童的兴趣有选择性地进行美术学习。每个孩子都有自己的爱好，家长应在了解孩子的兴趣和尊重孩子的选择或根据孩子内心需求来选择合适的美术学习班。

第三，父母要鼓励孩子的点滴进步。画画是孩子最早的学习，父母对待学习的态度接影响到孩子对学习的认识，孩子学画年龄越小越需要家长的支持和帮助。因此，要鼓励孩子的点滴进步，妥善保存好孩子的每一幅画。

第四，家长应正确认识和评价儿童绘画作品。对儿童的美术作品不能妄加评论。家长应接受并尊重儿童异想天开的提问和怪异想法，评价时应采取积极的态度：多表扬、少批评；多肯定、少否定；多启发、少干预。要摒弃"像不像"的传统评价标准，强调儿童作品的多元化表现，在儿童美术创造活动中，要突出个性化特征，提倡新颖奇特，只有这样才能激发儿童的创造力并处于极其活跃的状态。

三、社会美术教育

社会美术教育是除学校、家庭以外的社会机构和场所所提供的早期儿童美术教育形式。例如，由国家或社会团体举办的各种美术培训班、儿童美术技能大赛、美术等级考试等以及美术馆、博物馆、电视、电影、网络、美术期刊、画报等，对儿童都能起到一定的美术教育作用。

社会美术教育是幼儿园美术教育的延伸和补充。由于幼儿园美术教育受到教材、教师、场地、设备、材料和相关资料等的束缚，美术教育应有的魅力无法得到充分的发挥。而社会美术教育所开展的各种美术活动可以不受教学大纲、课程标准和教材的影响，又有优越的设备、多元化的指导者，可以使儿童深刻体会到美术活动的丰富性和乐趣。因此，越来越多的幼儿园与社会美术教育机构携起手来，开展多种形式的美术教育活动，主要包括美术馆、博物馆美术教育和多种社会办学形式中的美术教育。

1. 美术馆、博物馆美术教育

近几年来，随着艺术传播手段的不断扩展，艺术与日常生活日趋贴近。人们的日常生活中充满了艺术品，随时随地接受着艺术的熏陶。与此同时，我国的美术馆、博物馆也从仅为少数人提供观看、研究美术作品服务的艺术象牙塔，转化为以全体大众为服务对象、广泛开展各种艺术普及教育活动的大众学习场所，并成为对儿童进行美术教育的新场所和新形式。与幼儿园相比，美术馆、博物馆具有场地开阔、材料量大、活动时间充裕、指导人员的专业水平高等特征，有利于提高儿童学习美术的兴趣，发展个性。

2. 社会办学中的美术教育

社会办学中的美术教育，如各种美术技能训练班、美术兴趣班等。这些针对儿童美术培训机构的教学理念也随着美术教育课程的改革，美术教育内容和教学方法发生了很大的改变，教学重点从单一的绘画教学活动进行扩展，注重培养儿童的观察力、想象力和创造力，使儿童美术教育呈现出平面造型与立体造型活动并重、表现与欣赏活动相融合的新面貌。

总之，儿童美术教育的社会美术教育，能够使儿童获得更多亲近美术、了解美术的机会，能够给儿童提供学习美术的帮助，也能更科学、更合理地利用各种社会资源来培养儿童的美术素质。这是学校与家庭美术教育的有效延伸和补充。

第二节　连环画美术教育的特征

一、儿童连环画的美术教育特征

儿童连环画是一类独特的书籍，它兼具人文性和艺术性。它不但具有一般书籍所具有的形态特点，而且连环画相对于一般的书籍，它在表达形式上更加的独特，它应用语言文字和美术视觉图像两种符号系统共同的叙述故事内容，这样用直观的视觉形象来表达纯粹语言的构思的方式非常符合儿童的身心发展。学龄前儿童的语言文字发育还不成熟，但是对视觉图像的感知是相对较强的，视觉图片对儿童的认知刺激和知识潜能的启发有较大的影响。另外，连环画作为专门为儿童设计的书籍，对其的设计在各个方面都有一定的考究，比如对于儿童连环画的尺寸的大小、外观形状的变化、制作材料的选择、制作工艺和印刷的方法以及装订形式等都针对儿童的翻看阅读欣赏的特点，都非常的考究。因此，连环画图文结合的方式深受儿童喜爱，使它在儿童成长中的教育价值越来越显著。通过对绘本的独特性和共同性的研究关注，发现儿童连环画有三个重要的美术教育特性：

（一）儿童连环画的独特的视觉认知特征

进入 21 世纪，数字媒体快速发展，读图时代的来临，人们日常生活和人际交往通过便捷的视觉读图来互动，视觉审美世界变得丰富多彩。

大时代环境下，也同样冲击着儿童视觉认知环境，儿童可视的视觉形象也愈来愈多。连环画营造的视觉图像环境正适合儿童具体形象感知的特点，成为儿童非常喜爱的早教书籍形式，对儿童的成长发展具有重要的作用。连环画种类多样，除了一般的书籍形式，随着时代科技的进步，还设计开发了电子连环画、立体连环画、有声连环画等比较独特的形式。立体的连环画的画面是通过三维立体的形式呈现，更加形象，便于理解，更能吸引儿童的注意，具有益智易趣的特点。有声连环画是利用图像识别和数码语音技术通过点读发声，这样的互动形式，也非常受孩子们的喜爱。电子连环画作为数字媒体时代的产物，它是将纸质的书籍通过媒体制作成电子书，连环画电子书里增加了动画和声音，不仅满足视觉感官，还增加了听觉系统的参与，互动性更强。读者可以通过手机和电脑软件进行播放阅读，另外电子连环画还可以达到孩子与连环画故事中的人物进行交流的特点，这样也可以代替父母陪读。但是电子连环画不利于孩子的身体发展，不建议经常使用，但它确实是一种很便捷、趣味性更高的连环画阅读的形式。

另外，连环画的主题内容也是丰富多彩，涵盖儿童成长的方方面面。连环画有关于认知、情绪、品格、亲情、美育、个性、习惯等主题，孩子通过阅读，将自己与连环画中的故事人物进行参照，学习使用于自己的日常生活，从而促进他们的健康成长。

儿童通过赏析图文并茂的连环画或成人生动形象地阅读连环画，可以促进其语言文字的积累、形象逻辑思维的发展、想象力和审美能力的发展，以及个性的健全发展。连环画已经越来越多地被家长、教育工作者关注和使用。

（二）以精美的视觉图像讲述故事情节的叙述特征

连环画是由图和文两部分组成，相辅相成。连环画中的图片是艺术家根据故事精心绘制的艺术作品，作品的风格多样、色彩鲜艳亮丽并富有创意。

连环画通常用大篇幅的图片来叙述故事，图文并茂的叙事方式是连环画的一大特点。儿童连环画与一般儿童书籍的叙述方式不同，连环画非常强调画面的连贯，书中的画面要形成一个连续的视觉映像，即使是不认识字的幼儿，也能够依据这些连续的画面"读"出大意。这与插图不同，一本书中的插图往往没有内在的逻辑关系，因此有没有插图对整体阅读并不会产生实质性的影响。但连环画正好相反，画与画之间的连贯性对阅读者理解连环画内容十分重要，因为连环画是借图画讲述故事，离开了图画，故事将无法进行。因此，画与画之间的逻辑关系就巧妙地将故事各部连接为一体，让读者一目了然画与画的衔接关系，理解故事内容。有时连环画也会有留白的地方，但依然存在内在逻辑联系，幼儿阅读时可用逻辑想象思维弥补跳跃的画面，锻炼幼儿思维联想能力。所以连环画中图画的这种连贯的关系，经常给儿童带来翻页的惊喜，不管是在故事内容和翻页阅读上都充满惊喜。

（三）儿童连环画具有美术鉴赏的功能的特征

美术鉴赏涉及个人知性与感性的心理活动，亦即知、情兼有的心理活动。

人透过知、情两方面的心理运作，使得人格得以平衡发展。美术鉴赏可以促进人的知觉敏锐度、推理能力、美的判断力。通过研究发现，儿童对于连环画的鉴赏，同样具有鉴赏一般美术作品的功能特性，甚至对幼儿的影响更加显著。

1. 连环画促进儿童知觉的敏锐性

审美鉴赏的基础在于视觉，自然造型、人工造型或万般事件，透过人的感官，得以知觉其样态与构成。这种对于所见者的形式分析活动，乃依赖个人对造型要素及原理的认识。若时常从事美术鉴赏活动，即将所认识的造型要素及原理付诸视觉验证，而将所见之物做深入的观察。经由不断的鉴赏，个人对事物的观察也将更为敏锐。安海姆在《艺术与视觉心理学》中通过实验得出观看的行为是包含于形成知觉的概念的过程中，视觉是和经验的原始资料交互作用，并产生了一般形式的条件。儿童喜爱连环画，时常阅读与欣赏连环画，可以增加儿童的审美知觉经验和知觉感知的锻炼，通过这些锻炼提高其知觉的敏锐度是显而易见的。

2. 连环画培养儿童的推理能力

连环画虽然是静止的画面，但是连环画从编排上常常具有戏剧性的效果，那些戏剧性的因子可以激发孩子更多的记忆表象；画面合理想象的连接，图片本身具有过渡的语言，能促使孩子进入联想和想象；很多连环画的呈现都能带给孩子在翻页上的惊喜，这种惊喜无疑是对孩子的推理能力的刺激。

3. 连环画提高儿童对美的判断能力

个人能对视觉对象作分析与理解，却未必能作对美的判断。有学者认为：在美术鉴赏过程中的审美判断，若得到恰到好处的判断作品好坏的依据，则个人审视后，易产生美感。亦即，艺术家将其意念表达在作品中，并表现得恰到好处，欣赏者从作品中，感受这种恰到好处的美，这种感受即为美。优秀的儿童连环画就是艺术家将"恰到好处"的美感在其中表现，幼儿日复一日对连环画中视觉艺术美的判断的潜移默化的影响，久而久之可以增加幼儿对美的判断能力。经由美的判断能力的提升，在对外在事物的判断时，将更能合乎美的判断原理，并进而塑造美的生活环境与生活态度。

4. 陶冶高尚的情操

蔡元培认为美育具有普遍性和超越性，普遍性打破人我之成见，超越性能透过利害的关系。他认为"人人都有感情，但并非独有伟大而高尚的行为，这是由于感情推动力的薄弱。要转弱而为强，转薄而为厚，有待于陶养。陶养的工具，为美的对象；陶养的作用，叫做美育"。其中，陶养的工具即是：诗歌、音乐、舞蹈、绘画、戏剧、雕塑、建筑等。在现代社会，教孩子学会做人、学会学习、学会生存是儿童教育的新课题，我们在强调快乐学习的同时，不可忽略艺术作品在"潜移默化"中熏染社会意识的重任。连环画的种类繁多，呈现形式多样，在内容上更是包含有诗歌、绘画、戏剧、雕塑、建筑，在新型电子连环画中，更是动静结合，更有舞蹈和音乐置于其中。优秀的连环画，往往首先是以增进孩子的社会意识、培养孩子的美好情感、养成孩子的良好社会行为为己任，它能够让孩子在不知不觉中获得美的情感体验和陶冶高尚的情操。

第三节　连环画在儿童美术教育中的优势

一、连环画的审美教育特征可以促进幼儿美术教育的有效开展

1. 儿童连环画有助于启发幼儿感受艺术的美

随着连环画图书的大量出版，越来越多的优秀的连环画呈现在孩子们的世界里。有来自美国、欧洲、印度、日本等不同文化背景的艺术汇集，连环画由不同文化背景的优秀艺术家和文学家共同创作，具有不同文化的特性，让孩子本来无法触碰的文化通过连环画轻易地得到。儿童通过阅读连环画开阔了他们的视野和审美能力，从而去用不同的角度感受生活中的美。

幼儿的生活经验不足，连环画的种类丰富，内容涵盖广泛，儿童在看连环画时就像是在看世界一样，幼儿对连环画的喜爱就是在对美进行追求的表现，连环画书通过不同视角带给幼儿不一样的视觉冲击。在连环画欣赏过程中，儿童在潜移默化中体会连环画中的艺术元素，如从连环画的画面中学习色彩的搭配、画面的构图形式、线条的应用、事物的大小比例以及画面的透视关系、光影关系等。随着经济文化的全球化，连环画的发展迅速，来自不同国家的连环画被引进到国内，通过连环画为儿童打开了世界艺术的大门。儿童通过连环画可以认识来自不同国家的文化和艺术作品以及独特的风格、民族特色。

儿童不知不觉从中欣赏美，体会美，丰富艺术审美感知和审美感觉。儿童从小就受到这样丰富的心灵滋润和心灵的修养，从而陶冶情操，对儿童的艺术修养、个人气质、审美能力和感性思维起到良好的培养。所以，优秀的连环画不但具有丰富的教学价值还具有非同寻常的美学价值，幼儿阅读它的同时既感受了美、体验了美也会创造出美的事物。我们通过连环画让幼儿感受更多的美，让这种美走入孩子的心里，盛开出繁茂美丽的花朵。

2. 儿童连环画的趣味性促进幼儿审美兴趣的提高

爱因斯坦说过："兴趣是最好的老师。"一个人只有对某件事物有浓厚的兴趣，才会去主动的求知，进一步的探索，并进行实践研究，才会在求知、探索、实践中产生愉悦的参与情绪和良好的实践体验。优秀的连环画可以给儿童营造一种情趣与理趣的诗画氛围，增加儿童欣赏阅读的兴趣。故事情节有趣、人物行为夸张的连环画会使儿童感觉到幽默，使儿童打开心扉，快乐阅读。

连环画呈现的形式多样并具独特性，不论是从视觉的美感、阅读的舒适度，还是制作的创意都很受儿童的喜爱，并深深吸引。制作的创意比如装帧方面增加绘本的立体感，在封面上做有趣的立体造型，比如封面上树的主干上开一扇"窗"，窗户可以打开，孩子打开窗户，里面可以看到一只小松鼠，通过这样的形式，增加孩子与连环画中的故事人物的互动，给儿童一种新奇的感觉，激发他们的阅读兴趣。在结构方面连环画单纯有趣，简洁、漂亮、个性鲜明；以生动有趣的方式展开故事情节，使儿童有翻下一页的愿望，引起儿童阅读的强烈欲望和预测、联想、想象，并由此感到快乐。

3. 儿童连环画的创作表现形式激发儿童的审美表现和联想创作能力

艺术要给儿童一定的开放性，连环画集文学、自然、艺术为一体，可以拓展幼儿认识世界、社会、周围人、事、物及了解美术、掌握美术技巧和表达元素的好教材，连环画可以成为他们绘画取材的源泉，给儿童的认知发展提供有利的资源条件。优秀的儿童连环画故事生动有趣、制作精美、个性突出。连环画除了具有一般图书的结构形式，还有其他多样的形式，如适合较小儿童的口水书、洗澡书、立体书、枕头书、拉链书等。这样的连环画富有创意的造型和玩具的样式，儿童在玩耍的同时，也给儿童播种了创意的种子，潜移默化地影响他们的创造力。

如今连环画的取材也十分方便，通过来自世界各地出版的连环画书，我们可以了解到世界各国的美术发展和各国不同形式美术表现手法，好的连环画里面的每一幅图画都是艺术家精心雕琢的艺术精品，都是插画家们根据故事情节精心手绘创作出来的，创作时对绘画的技法和绘画的风格都有一定的讲究，不仅讲究图画的精美，还注重刻画故事的细节，在故事的幽默中隐藏着智慧，画面的写意中蕴含着象征意义，使儿童的心灵受到启迪。

儿童的审美能力不是与生俱来的，而是可以慢慢地来培养的，儿童"在经过适当适量的训练之后，也就是说儿童在经过直接知道或接触大量的视觉图像，他们对事物以及审美物象的识别能力是可以大大提高的，进而他们的审美经验提高，审美能力也会逐渐提高。儿童在欣赏阅读风格各异的连环画时，会吸收大量的图画信息，在这个过程中潜移默化地丰富了儿童的审美经验和审美素材。比如儿童在创作时，可能会参照优秀连环画图画作品的构图方式、线条的应用、不同的作画方式，以及对色彩的运用、画面的整体营造的感觉，这样就大大丰富了儿童的艺术感觉和审美能力。

二、"读图时代"连环画的蓬勃发展为连环画教学提供了契机

21世纪，网络时代的全面来临，读图时代的悄然出现，视觉传媒构造的世界成了一个视觉的天堂和有魔力的世界。互联网的发展使世界的距离变得越来越近，信息大爆炸时代，是信息流通速度超乎以往的时代。国与国之间也是各种体制相互取长补短，求同存异，共同进步发展。随着"图像时代"视觉文化的发展，作为儿童喜爱的连环画图书业蓬勃发展，连环画的大量引进和原创出版丰富了连环画市场。虽然在20世纪80年代我国引进的图画书遭遇闭门羹，并未引起消费者的注意，但是自2003年起，21世纪出版社、少年儿童出版社、明天出版社、南海出版社等机构纷纷引进国外优秀的儿童连环画，主要以引进欧美和日本的优秀连环画为主，而且大都以作家套书形式来推出。这些引进的连环画大多都是获得国际声誉的文学大师所作，作品风格独特、画面鲜活、童趣盎然、幽默生动。当这些作品呈现在儿童眼前时，深受孩子们的喜爱，赏心悦目，爱不释手。如美国作家玛格丽特·威尔士·布朗和画家克莱门特·哈德创作的《逃家小兔》和《晚安，月亮》，以及爱尔兰的山姆·麦克布雷尼与英国的安妮塔·捷朗合作的《猜猜我有多爱你》的图画书，在我国的阅读点击率

都很高，占据我国儿童读物市场的重要地位。

除了外来引进的连环画越来越多，为连环画在教学中的应用提供更多的素材外，国内原创与本土连环画也相较有很大的发展。但我国的连环画在原创作品方面与国外的距离很大，无论是数量上还是质量上。在早期，本土原创并没有生产出影响力巨大的作品，原创作者忽略了对本土文化的"元素"的挖掘，而失去了传统文化的个性，作品显得单调、乏味和陷入盲从的境地。近几年，对传统文化的重视，国人意识到对本民族文化的传承的重要性，很多具有民族特色和中西文化有机结合的作品出现，从插画的风格、人物造型的特点和故事语言的叙述都有了长足的进步，产生了独特的视觉审美效果效应，如《纸牌王国》《狂人日记》。《纸牌王国》使用纸雕立体；《狂人日记》使用立体派瓶拼技法，呈现错综复杂的画面，虽然表达的是一个精神分裂者的幻想世界，但是画面夸张带来的趣味不容小觑。

总之，不管是外来引进和原创的发展，不同文化背景的作（画）家，通过绘本带来了不同文化的资源、艺术形式和审美的情感，为教育工作者和家长在为孩子们选择连环画时，提供了很好的优秀作品，为连环画教学提供了很好的契机。现在很多连环画都被用来进行孩子们的情感教育、生命教育、两性教育等方面，在研究中，连环画可应用在美术教学中，将其作为课程资源的范本，如可作为美术课堂范本的有《小木匠学手艺》《小蓝和小黄》《逃家小兔》。《小木匠学手艺》应用民间剪纸来叙述一篇传统寓言故事，画面应用高明度和高彩度的原色，突出浓厚的民风民俗的特色。此连环画非常适宜幼儿阅读欣赏，作为阅读与艺术、社会等领域的课程整合的理想教材。

第四节　连环画在儿童美术教育中的作用

连环画是我国传统的民族文化之一，是文学和图画相结合的经典艺术，以文学作品、民间故事、历史故事等多方面内容为题材，先编成简练的文字脚本，再根据情节绘制画幅。连环画一般一段文字独立描写一个画面，前后衔接，情节连续，通过塑造具体形象反映社会生活，表现一定的社会意识形态。表现形式一般以线描为主,也有中国画、水粉画等多种表现形式。连环画因其文字精练、形象通俗生动而深受孩子们的喜爱,也因此而被引入了幼儿美术教育,体现出它对促进幼儿美术教育的重要作用。

一、欣赏连环画,促进人格完善

从文字内容上看,连环画作品的脚本大都是根据文学作品、历史故事、名人逸事等进行改编的,具有较高的文学价值。生动的形象、简练的文字,使连环画通俗易懂、老少皆宜。对于儿童来说,读经典的中外名著和纯文字记录的历史故事书显然有些深奥和枯燥,他们无法理解那些文学作品中所要表达的真正寓意,甚至无法有耐心地将一部长篇巨作自始至终地看完。

但绘画版的世界名著和历史故事则不同,那些精美的图画深深地吸引了孩子们的视线,那些跌宕起伏的情节更是引人入胜,让孩子们看得爱不释手,恨不得一口气看完。孩子们在欣赏精美图画的同时,慢慢品味着古典名著的深刻内涵,细细解读着历史的古老文化,潜移默化地学习名人的高贵品质。如:绘画版的《三国演义》《西游记》《上下五千年》《孙子兵法》《世界名人传记》等。通过对这些图文并茂的艺术作品的翻阅和欣赏,拓宽了孩子们的知识领域,提升了他们的文学素养,促进了他们自身人格的完善。

二、临摹连环画,提高表现技能

连环画真正抓住读者心情的是它的一个重要属性——故事性。好故事有好情节,好情节有好画面,这些丰富而生动的画面,将人物、动物、花草、山石、家具、建筑、风景等各种人、景、物组合在同一画面上,用一幅幅连续的图画来表现一个个特定的情节,牵动了所有读者的心。可以说,连环画是一项集人物画、花鸟画、山水画为一体的综合艺术。同时,连环画的表现形式也是多种多样,有用线描表现的,有用中国画、色彩画表现的,还有用版画、剪纸的形式来进行创作的。灵活多样的表现手法,使得连环画成为孩子们进行绘画临摹的最佳范本,使孩子们在模仿中学习描绘神貌各异的人物和丰富多变的场景,尝试多种多样的表现手法,有效地提高了儿童的造型能力和绘画技能。

三、编绘连环画,培养创新能力

审美教育的过程是一个通过创设各种艺术活动引导幼儿欣赏美、感受美、发现美，最终实现表现美、创造美的综合过程。连环画创作便是在这一过程中培养和发展幼儿创新思维的有效途径之一。用多幅画面连续叙述一个故事或事件的发展过程，这种绘画形式不仅要求文字脚本具有连续性，而且相连的画面也要有连贯性，每幅画面所表现的内容则必须依据每段文字的陈述来进行创作。每段文字叙述内容的不同，直接导致画面内容和效果的不同。欣赏和临摹连环画作品可以提高儿童的鉴赏水平和造型能力，但审美教育更注重的是提高儿童的创造能力和创新思维。

在欣赏和临摹的基础上，对原有的作品进行改编并对改编后的文字进行再创作，引导儿童根据自己改编的文字脚本重新构思，并选择自己喜爱的表现手法重新组织画面，这无疑是培养儿童创新能力的一种很好的训练方法。当然，练习时首先要选准故事内容，尽力去选择适合儿童心理特点的，易理解、易接受、生动有趣、富于创新因素的题材，如《白雪公主》《狼和小羊》《寓言故事》等。同时，还要引导儿童在不改变故事内容本质规律的基础上对故事的细节展开联想或自由改编，并在编绘时注意文字和画面的连续性。

四、创作连环画，促使个性发展

连环画创作即是根据指定的文字内容，结合创作者自身的艺术素养和生活经历进行故事绘画创作。同样的故事内容，由于创作者表现方法、内心情感、生活背景、文学修养的不同，表现出的画面也会截然不同，体现出强烈的个性特征。如：在表现同样的古典名著《红楼梦》时，有的作者描绘的人物形象秀丽婉约，生动逼真，有的则带点夸张变形，别有风味；在表现手法上，有的运用简洁的线条勾勒，有的使用毛笔皴擦；在画面处理上，有的作者喜欢构图饱满，有的却善于点、线、面的结合。总之，虽表现的是同一内容，创作风格却不尽相同。因此，在指导儿童进行连环画创作的过程中，我们重点指导儿童用与众不同的思维方式、新颖独特的表现手法、别具一格的创作风格来表现生动的故事情节、表达强烈的个人情感、展现各自的个性风采，这样既有利于提高儿童的审美表现力、创造力，更有助于促使儿童个性的发展。

随着时代的发展，人们对美术教育的功能与目的的认识也日益深化，儿童美术教育的重点不是培养美术家，而是要提高儿童的综合素质。弱化统一强化个性、淡化学科深化综合、注重实践重视创造应成为美术教育者的教学理念。

连环画创作正是一个引导儿童感受生活、体验生活，从实践中获取创作素材，并将文学、科学、历史、美术等众多学科知识相结合，用自己的表现方式表达情感和思想，形成独特个性风格的过程。

综上所述，引导儿童欣赏连环画艺术并进行连环画创作，在儿童审美教育过程中有着不可轻视的作用。然而，连环画创作对于儿童来说是一种难度相当大的创作，作为美术教育者应进一步努力探索，寻求适合儿童年龄特点的连环画教学方法，运用儿童的绘画语言，分阶段、有步骤地进行长期练习，这样才能真正有效地提高儿童的连环画创作水平，促进儿童美术教育的发展。

第六章 儿童美术教育中连环画语言和表现手法的创新

第一节 中国连环画有强烈的东方文化特色

中国连环画从初创到各方面都发展较为成熟，一直展现出独特的美术风格和技术特色。它直接取材于中国画的样式造型，与国画艺术紧密对应，展现了强烈的东方文化特色。它们大多取材传统故事或抒情化的典故，反映了中国东方文化中朴素的自然观和人文精神，通过大量的中国式文化符号传达了传统的中国式的道德标准和人文情怀。

一、中国连环画注重反映东方朴素的自然观和人文精神

中国连环画是立足于本土文化之上的。中国画具有特殊的形态和发展路线。自新石器时代几何形的装饰图案开始，它没有像西方绘画那样向着逼真方向发展，而是按照中国古老哲学，强调表现宇宙万物的"道"。以孔子为代表的儒家艺术理论强调艺术与社会的关系，高度重视审美和艺术在整个社会生活中的地位和作用，表现出强烈的为社会而艺术的特色，强调艺术的伦理教化功能，强调艺术服从于社会政治的传统。张彦远则总结为"成教化、助人伦、穷神变、测幽微，与六籍同功，四时并运，发于天然，非由述作"。文以载道的传统艺术观念对传统连环画的艺术观念产生了深刻的影响。就表现内容而言，大量的

连环画完全符合孔子的"志于道,据于德,依于仁游于艺"理想,"道、德、仁"是君子的理想,是社会与人生的最高目标。此外,中国传统哲学讲求天人合一的宇宙观,以人合天为人生的最高境界,也为审美的最高理想,这就使中国传统的连环画不注重对自然的科学分析,而是侧重一种内省的性灵智慧,致力于成就一种伟大的人格美。

在传统的连环画艺术中,那些具有象征意义的载体,无不融会着审美主体的情感,寄托着人们高尚的社会道德理想和人生体验。老庄的自然天道观,则强调存在于天地之中的宇宙精神,视天地自然的和谐相生为大美境界,将人的活动从自我中心的局限中超拔出来,从宇宙的巨大视角中去体验和把握人的存在,从宇宙的规模中去展现人的生存意义。畅神、妙悟、神思、平淡、虚静的审美观念成为传统连环画白描造像的重要传作依据。

二、中国连环画以宣传中国传统美德和文化精神为主

中国连环画是高度精简浓缩的艺术,具有诗歌般的境界,成为表现自然风情和诗情画意的最佳载体,非常适合表现细腻动人的情感。而中国传统美德和文化精神内涵中的中庸、含蓄、内敛、细腻的特点,正好是中国连环画表现的强项。连环画中的造型不同于相对西方的点、线、面、明暗造型,对形象的处理更加"神似",物像描绘含而不露,似有似无,不强调奇幻的视觉冲击和强烈的动感效果,在画面、文字方面都比较朴素,并以其独有的形式充分传达了中国传统美德和文化精神。这种纯中国化的美术形式,所传递出的中国式的感情,完美体现了中国文化的精髓。

三、中国连环画的审美性和教化性较强

从中国连环画诞生之起,就始终将教化性作为重点,几乎所有的连环画都本着寓教于乐的方针,有强烈的教育目的,将道德标准和教育手段用连环画直接、通俗的方法表现出来。在某些特定的历史时期,例如抗战、建国、"文革"等,连环画的创作生产常有明显的政治意图。中国连环画的形式语言主要是外在形式,即笔、墨、色所构成的外在形态,即画面给我们的视觉印象。其画面的内在形式,是指形态所呈现的趣味,即画面给我们的进一步感受,也称之为"意境"。连环画创作与中国画创作一样:强调笔墨与自然的融合,强调"神""意""气"的境界。"气韵""形神""写意""虚静""意笔""笔墨",这些都形成

了中国绘画的美学范畴。连环画用精致的笔墨将写意变形、虚实幻化、以形写神的图像升华，表现得通俗而直观，各种年龄层次和文化背景的观众都容易理解领会，这是连环画作为一种大众传播媒介的特点和优势。

连环画甚至是对中国画的文化的一种普及和推广，尤其是许多外国观众通过连环画这种方式加深了对中国画的文化的理解和关注。

四、中国连环画有大量的中国文化符号

中国连环画是中国化符号完美结合的例证。它鲜明地将"民族化"元素发挥到极致，无论是从视觉上、文学上，还是从思想上、精神上都非常直接。中国传统文化艺术具有相对固定的样式和体系，每项模式都具有深厚的文化积累和长时间形成的固定观念。连环画从诞生起，坚持了东方艺术中的审美意识。在长期对"本土化，原创性"艺术创作的方针指导下，结合自主创新的奋斗精神，积极地尝试将东方色彩的、中国化的、民族性的、本土的艺术样式与现代艺术形式相结合，高雅艺术与民间文艺携手共进，是综合了内容、题材、风格、图像、情调、文化背景、道德标准、哲学思想等诸多中国元素和艺术样式的大汇集。中国连环画反映了中国传统文化特有的审美情趣，成功地树立了民族特色在现今艺术创作中的榜样，有着丰富的文化内涵和有益的思想文化，典型地诠释了传统文化的继承与发展。

第二节 新时期连环画样式的创新

进入了20世纪90年代，连环画失去的阵地却没有夺回来，反而被其他文化逐渐吞食。有人说，20世纪80年代，是连环画的"二次繁荣"，此话不无道理，然而，正是这样的"繁荣"，才使我国的连环画文化的发展进入了"转折"期，并开始暂时走进"低谷"。我国的连环画文化，在特别的历史时期出现这些现象，只能看成是"转折"时期的阵痛。冷静地想想：广大读者对连环画的新祈求没有错；外来"卡通动漫"也不一定都"不健康"；个别出版社在特定历史时期，为多出成果，在选题、编绘质量上确实出现一些草率现象。我们不否认连环画在20世纪80年代初曾经有过的繁荣，但它的另一面则是促使连环画走进低谷后，从

乐观的态度看问题，可以把此看为连环画的"转折期"。

进入新世纪后，连环画以何种形式复兴？人民美术出版社每年都将一些经典连环画再版，例如《三国演义》、《成语故事》等，但印量非常小，均在5000册左右，主要是售给收藏者，但这却不是国产连环画发展的正确方向。

中国连环画的个性鲜明、雅俗共赏等特性，曾经在每个历史时期，为社会的文明进步与发展留下了光辉的印迹。但是，因为连环画没有跟上时代发展的步伐，致使其在20世纪末陷入了低迷时期。1995年初，中央领导人面对境外的动画、漫画书占领我国市场的现实，明确提出，我们为什么不出我国小孩子喜欢看的动画片？我们为什么不出我国少年儿童喜欢看的连环画？1995年5月中宣部、新闻出版署联合启动了我国动画"5155"工程，特批了5本动画、漫画刊物。这就是中国连环画出版社的《少年漫画》，人民美术出版社的《漫画大王》，北京出版社的《北京卡通》，中国少年儿童出版社的《中国卡通》，上海少年儿童出版社的《卡通先锋》。经过10多年的发展，客观地说这些基本实力较强的刊物运作得并不理想。应当承认一个现实，21世纪初我国的连环画很难和境外连环画，尤其是"日本动漫"抗衡。

在未来相当长的一段时间内，新的连环漫画和传统连环画将共同存在下去。传统连环画潜在的优点将被人们重新认识，连环漫画即将融会传统连环画的长处。无论是连环画出版业，还是连环画创作者，都应该做一次深刻的反思，探寻根源所在，使中国的连环画与时代的发展同步，适应大众的欣赏需求，最终形成自己独具中国特色的"连环漫画"。

一、"老派"画法的延续

中国的传统绘画是中国传统哲学的组成部分。尤其是受到"老庄"哲学的影响，中国的画家很早就认识到绘画的创作过程是一个主观与客观相统一的过程。线在艺术家手里不但是一种"界型"的工具，更是表达自我感情的媒介，使线有了性格的表现。所谓的"十八描"就是画家通过长期的绘画实践，对线的表现力的探索和总结。这既是对不同特点的描绘对象外部特征的总结，也是用线来表达画家自身情感的探索历程。性格化了的线摆脱了客观物象的外部特征，使画家的主观意识与客观物象合二为一，进而升华为具有动人表现力的艺术形象。线描是中国绘画的基础，故中国早期的连环画绘制多以毛笔白描为主。

另外，工笔彩绘也是连环画重要的传统表现形式。

传统连环画有其他美术形式无可替代的魅力，它在艺术欣赏方面、在审美效应方面，在传播知识文化及阅读上形式的方便，不受时空限制等方面的功能和价值是永恒的。

"老派"连环画需要振兴，要像京剧那样重视它，传统连环画的振兴首先要抓好作者编者队伍，国家从艺术院校开始大力培养这方面人才，这是关键。

但是参考绝不是照搬，在汲取了传统连环画的感觉、形象气质和形式感后，还应在其他方面全部重新塑造。这样既有强烈的历史感，又给读者新的形象感受。否则，把历史局限在仅有的传统的模仿中，路子会越走越窄，从而降低了连环画艺术的价值。连环画历尽沧桑，造就了一大批艺术斐然的画家，也感染和熏陶了几代中国人。在当下的读图时代，传统连环画应有更好的发展前途，这对发扬光大中国传统艺术，抵御外来不良文化的侵袭，无疑有着不可估量的意义。

二、与中国传统艺术的结合

我国是一个东方文明的古国，积淀了丰厚的民族文化和精神，传统的文化艺术更显示出无限的审美内涵。传统民间美术艺术（如：年画、图案、瓦当、壁画等）体现的那种神韵、空灵的艺术精神；民间美术作品（如：剪纸、漆画、年画、染织等）所反映的民俗民风以及独特的艺术魅力，无不蕴涵着民族文化的情结，成为取之不尽的文化资源，应深层次地挖掘传统文化资源与图像元素，巧妙地吸收并运用到现代连环画中去，以形成体现出中国文化内涵的个性化连环画。

中国的传统美学认为美是多样的。所谓"声——无听，物——无文，味——无果，物——不讲"，强调的是美的多元性。艺术风格的多元性也决定了各艺术之间的交流多了起来，各种美之间相互吸收和利用，以形成更多的独特性的美。传统民间艺术作为一种与生活紧密相连的造物形式，直接充实和丰富了人们的生活内容，反映了人们的审美理解和审美追求，不仅表现在功能与审美的一体化，还带有母体文化的性质。另外，其创作思维模式、艺术风格语言，表达思想感情的方式也具有自己独特的审美特征：一是民间艺术更多地保留了原始艺术的性质，具有原始文化的特点；二是民间艺术具有质朴的语言风格，在取材、加工时遵照自然规律的态度，不过分修饰，不做作，流露自然本色。民众质朴、纯真的心灵是民间艺术形成质朴风格特征的决定因素和内在根源；三是民间艺术是象征化的以物寄情，艺术表现题材、纹样、色彩等成为特定观念内涵的替代物，是具有象征寓意的"符号"。

中国传统民间艺术形成的宝贵文化和独特风格对当今连环画创作有着重大影响。民间艺术是流传于历代民间，为劳动人民的生活而服务的，为劳动人民所喜闻乐见的艺术风格，反映在连环画中有很多内容可以借鉴。因为连环画创作的自由性，在它诞生之初就已存在众多的绘画形式，白描、木刻等都大为流行。鲁迅也撰文说，连环画的"画法，用中国旧法。花纸，旧小说之绣像，吴友如之画报，皆可参考，取其优点而改去其劣点。不可用现在流行之印象画法之类，专重明暗之木版画亦不可用，以素描（线画）为宜"。连环画的绘画形式具有多样性，线描是其主要的绘画形式和造型方法。线描是中国绘画的优良传统，并为连环画的繁荣做出了突出的贡献。任何绘画形式的表现都依托于不同的绘画工具和材料，并受其限制。中国画以毛笔和宣纸作为绘画语言的物质载体，可以充分发挥线的艺术。而剪纸文化、皮影文化、年画艺术亦是一种二维的平面表达艺术形式，应用范围极为广泛，应用方式也极为灵活，是生命力较强的艺术形式。例如遍布中国的剪纸艺术，通过一把剪刀、一张纸就可以表达生活中的各种喜怒哀乐。在简洁明了的构图和造型中体会到了作者的思想感情。皮影艺术是我国特有的民间表演艺术，与剪纸艺术不同的是通过线的牵动，可以产生强烈的表演效果。年画艺术在我国流传极广，代表地区有天津杨柳青、苏州桃花坞等，是人们歌颂英雄、祈求平安的载体。广大劳动人民的生活就是这些艺术形式成长的肥沃土壤，来自于生活，具有浓厚的生活气息。表现在现代连环画中通过提炼这种传统民间艺术风格的元素合理地运用到形式美法则中，具体表现为在合乎主题的基础上达到深化和凸显的作用，而在表现连环画艺术的同时，使连环画成了一种文化的有效传播体。在连环画兴盛期，有不少绘者已经认识到民间艺术的重要性，借鉴民间美术的元素，使连环画表现的处理手法、艺术形式达到形式与艺术的有机结合。20世纪80年代中的卢延光就是此类的代表，形成了明显的个人风格。

卢延光的连环画创作走过的是一条借鉴中国民间艺术之路，这与许多画家在绘画上求"摒弃传统"正好相反。这种"借鉴"来的风格与写实手法不同之处，就在于它可以不局限于生活中的形体，而是按照主题的需要，按照美的法

第六章 儿童美术教育中连环画语言和表现手法的创新

则和画家主观的认识与感受，进行合理的夸张、变形。如图6，表现的是郭子仪在酒楼凭窗望下。但图中并无任何场景，中心点为郭子仪的半身头像、一壶酒、一酒保。上下左右均为去杨府祝贺的各种人物。

图6 卢延光《长生殿》作品

随着连环画的衰落，类似这种对传统艺术在连环画中的运用也随之夭折。2007年，广州画家程展鹏从民间年画和木版画等汲取营养，创作了《四大天王》连环画，其作品动作夸张、人物变形、线条装饰强，让人耳目一新。

在当今经济全球化的形势下，不少连环画都是"国际化"的，但是在某些细节部分还是能够区分出来的，在连环画中有一定的侧重点和主题，这就是各个国家的历史文化底蕴所能承载的。我国有几千年的悠久历史,我们不但继承了祖先所赋予巨大的物质财富还有更珍贵的精神财富,我们作为子孙后代而言责无旁贷地应当将之发扬光大。在艺术设计方面我们也还是应该"立足中华、面向世界",既要尊重民族艺术的独特性,体现中华民族的审美心理,又要反映现代人的内在精神追求。在连环画中,我们也要"寻根",寻找我们中华民族传统文化中为其他民族所不及的思维优势和独特风采。艺术始终要讲内在的延续,一种艺术形式的产生及被容纳,需要特定的历史文化背景,其中包括一个民族的生活方式、习俗、伦理道德、审美习惯等,这构成潜在的深层文化结构,深锁于民族的心理和精神之中。新时期的连环画创作,对中国传统艺术形式的借鉴不失为一种振兴中国连环画的有效手段。

三、前卫艺术观念的介入

艺术是动态的,艺术的发展是不断继承与创新的。每一次的继承与创新都不是对原有艺术的简单照搬和复制,而是在时代政治、经济、科学文化等诸多因素的影响下的再创造。现代艺术不同于连环画,它要求一目了然,简洁明确,集中概括的创作已逐渐成为主流。为了达到这个目的,现代艺术往往采取一系列假定手法,突出重点,删去次要的细节、细部,甚至背景,可以把在不同时间、空间发生的活动组合在一起,并运用象征手法,启发人们的联想。因此,它的构思要能超越现实,构图要概括集中,形象要简练夸张,要以强烈鲜明的色彩为手法,突出醒目地表达所要宣传的事物,赋予画面更广泛的含义并使人们在有限的画面中能联想到更广阔的生活,感受到新的意义。这些都是值得学习的。我们并不能因为是西方的东西就加以排斥,传统的东西就坚信不疑,反之亦然。一味地追求品位和格调,不顾读者的实际状况,就会曲高和寡;笃信西方的东西,最终也会变得不伦不类,甚至成为西方文化的附庸。虽然当今的连环画已雄风不再,但从历史来看,它始终还是保持着一条良性的发展轨迹。20世纪80年代后,从连环画多样的表现样式、庞大数目的读者群体、各种奖项的设立及众多学术会议的召开等,都充分说明了这一点。在探索了众多的创作表现手法的同时(不仅仅是线描,水彩的、木刻的、甚至是影视连环画都不乏优秀的作品),始终坚持创作源于生活的良好传统。对优秀传统文化的继承不仅仅表现为对传统题材的重复创作上,在描写当代中国人的生活时,也要不断探索传统的优秀思想和艺术有机结合的规律。

从我国文化发展的历史经验来看，一个国家、一个民族文化的发展，要立于不败之地，就要勇于吸收，敢于继承，善于交融。无论是从我国早期华夏文化的形成直至达到两汉文化的高峰，还是盛唐文化受到西域、印度文化的影响而发扬光大，无不表明，只有勇于吸收，才能发展，只有敢于继承、善于交融，才能最终真正成为自己文化的主人。

20世纪80年代，连环画尚有对艺术各种可能性的探讨，比如当时的赵奇的《可爱的中国》、何多苓的《雪雁》、《带阁楼的房子》。与那些对原著脚本亦步亦趋的"小人书"不同，此类连环画把每一张连环画都当成单幅作品来对待，着重独立性的诗意、节奏和韵味。在当时的连环画界绝对是"另类"、"前卫"的存在，是一种对连环画延续的思考探讨，而当今对这种探讨几乎为零，当下浮躁的社会更需要这种回归。

今天，我们面对不断发展的现实世界，以及国外的各种艺术思潮对中国艺术带来的冲击，新思想、新观念的不断涌现。如何认识传统连环画绘画造型艺术与西方现代艺术的关系，成为当下连环画创作应认真研究的课题。如果完全背离传统艺术形式，一味模仿西方的现代艺术，唯西方现代艺术马首是瞻，简单地挪用西方现代艺术形式，将使我们的艺术丧失民族的个性。在连环画艺术创作上不论是西方艺术还是东方艺术，都是在各国传统文化艺术的基础上一步步发展而来的。虽然各国的审美文化各有不同，都有其个性的一面，但是，它们又都同属于世界艺术园地中的一部分，共同构成了世界文化"和而不同"的现状和良性的文化生态环境。连环画艺术应从优秀的西方艺术观念中汲取营养，发展并创造未来。

四、与"卡通动漫"的融合

连环画作为文化产品在发展中也要不断开拓和创新，做到与时俱进，这样才能在互相竞争中胜出。我国连环画衰落的根本原因不在于其他媒体的冲击，而在于面对这些冲击没有做出顺应时代发展的开拓创新。那么，国产连环画需要在哪些方面进行创新和发展呢？日本卡通发展的成功经验应该能为我们提供一些借鉴。

现代卡通主要是指国际上流行的，以长篇为主流的，连续性故事的漫画作品。

书籍形式的称为"卡通书",影视形式的称为"卡通片"又叫"动画片",意即"会动的漫画"。现代卡通已经基本形成了美国、日本和欧洲三足鼎立之势,而近几十年来,又以日本的卡通发展最为迅猛,日本卡通连环画的读者层从幼儿直到四五十岁的成年人,在地理分布上也从日本辐射到了全世界。就拿我国来说,改革开放以后,日本的卡通产品就大举涌入并迅速抢占了市场。如今,不管是从电视到印刷品还是从衣服到玩具,日本卡通的影子都无处不在。使日本卡通得以如此流行的主要原因有:首先,表现手法和工具先进。现代卡通受中国青少年读者的欢迎,首先因为它的表现手法。现代生活的发展,人们的审美观、价值观和生活习惯已经有了巨大的变化,东西方文化交流的进一步加深,西方文化的传入,使欣赏者的欣赏习惯从以线造型为主的中国画转向了以面造型为主的西画形式。现代卡通的表现手法理论源自西画,追求画面的丰富层次和空间感,并且应运而生了许多易于表现效果的工具,如网点纸。有些优秀的卡通作品在网点纸的运用方面十分出色,画面可以产生多个灰度层次,极大地增强了画面的效果和空间感。可见卡通完全是现代工业的产物。其次,丰富的画面构成以及强烈的镜头感。进入20世纪80年代以后,随着影视、计算机和网络的发展,人们的欣赏角度和要求已经大不一样了,影视作品改变了过去传统绘画,尤其是国画在表现人物时的全景构图方式,大量长镜头、中镜头、特写的运用带给观众更加强烈的视觉冲击,更好地表现故事情节。现在的外国影片,尤其是美国影片能大行其道,强烈的镜头感是原因之一。现代卡通采用了多个分镜并置于一页的页面构成,可以根据内容的需要改变画框的大小和形状,因而可以产生更为强烈的镜头效果,如人物、道具的局部特写,多场景的切换等。现代卡通最大化地吸收了现代影视摄影的技巧,增强了画面的叙述性,使故事情节得到更好的表现,作品因而具有了更强的可读性。第三,风格多样,题材丰富,满足不同层次不同年龄读者的需要。在日本,看卡通早已不是小孩子的专利了,我们经常可以听到日本卡通有少女卡通、少年卡通、儿童卡通等,按题材分还可分为科幻类的、战争类的、现实类的、爱情类的,如此种种,不一而足。另外"日本卡通"高效的工艺流程和注重创作群体的培养也是不可忽略的原因。

  鲁迅先生的"拿来主义"强调学习,但不应照搬。中国连环画的改革要在保持中国连环画原有民族特点的基础上进行,民族传统艺术需要继承和发扬,但在发展过程中更需要创新,任何传统都不是一成不变的,随着时代的发展,也需要不断赋予其新的时代特色，做到与时俱进，只有这样才能永远保持旺盛的生命力，我国连环画的衰落就从反面充分证明了不断创新的重要性。创新是推动行业发展的原动力，但首先要进行观念上的创新，才能带来其他方面的创新。因此，要重振连环画的辉煌，首先就要更新观念：在继承和发扬传统连环画优点的同时，在经营和创作中千万不能拘泥于原有的"传统"和模式，必须不断吸取国外卡通漫画的成功经验，突破这些条条框框的限制，使连环画这一中国传统艺术焕发出新的时代特色。

20世纪80年代后出生的青少年，基本上都是伴着电视和其他媒体成长的，他们的审美观已经和以前的年代有很大的差别，他们的父辈小时候所痴迷的传统连环画那种静止的具有舞台效果的表现手法在他们看来太"老土"了。因此，努力吸收电影、摄影、漫画等其他艺术的语言风格和表现手法，实现连环画语言和表现手法的创新，为传统连环画注入新的时代特色，使其更加符合现代人的审美需求，这是使连环画重新获得当代的青少年喜爱的必要条件。随着"读图时代"的到来，连环画可适当地淡化文学色彩，增强画面的可读性，在形式和风格上大胆创新，以更好地适应人们阅读习惯的改变。

1. 发展原有的表现手法，开拓新的表现手法和工具。

2. 在运用影视摄影技法上突破传统的全景、中景的构图形式以及平视的视角，运用一些局部特写和多角度视角，如大幅度的俯视、仰视等，尽量增强中国连环画的镜头感和画面的叙述性。

3. 了解读者的需求，改变过去以作者为中心的模式，针对不同的读者群创作相应的作品。这就要求连环画的脚本创作要上一个台阶，创作出大众喜爱的故事。这是中国连环画最薄弱的环节，也是中国连环画改革的重点。

4. 加强连环画作者的培养，这需要美术界的重视和老一辈连环画艺术家的大力支持。

五、题材和脚本的变革

20世纪80年代中期，连环画开始走入"低谷"期，各出版社的连环画印数逐渐降下来，直至不再做新的选题，甚至索性取消编制，解散人员。市场上传统形式的连环画越来越少了。值得忧虑的问题是：如果大家还沉醉于老祖宗留下的中国连环画那些作品，出版社不再开发新的选题，只靠"吃老本"来维持，那么中国的连环画就真的走到了尽头。

随着"读图时代"的到来,创新题材,开发多层次全方位的消费市场,成为当务之急。过去我们都习惯把连环画叫作"小人书",把它当作小孩子的专利,但现在成年人同样需要这种读物来进行放松和了解信息。对于当今的读者来说,连环画的人物造型并不是主要问题了,他们有较为充裕的时间感受生活,对于身边发生的事情敏感而有独特的兴趣,现实题材的艺术作品最能引起他们的共鸣和感动。而紧张的生活节奏和社会竞争的压力则让许多成年人没有时间和心情去阅读严肃且富有"教育意义"的艺术作品,他们更希望看到一些轻松的作品以调剂生活的疲倦。日本漫画的成功对我们应该有一个深刻的启示,那就是文化产业的发展必须以人的需求为中心,人们对快乐的需求是世界上最大的市场。因此在连环画创作中,首先在题材的开发、情节的设置、脚本定位等方面,我们都必须从读者需求出发,针对不同人群开发不同题材不同风格的连环画作品;另外除了内容创新,形式还应该活泼,应该淡化连环画的政治色彩和教育功能,增强娱乐性。总之,通过创新题材、提高质量,不断拓宽中国连环画的阅读人群,"构筑多样化的文化消费群体,实现文化产品的较高市场占有率和多层次消费群体覆盖,减少单一消费群体和消费模式带来的产业风险",只有这样才能为中国连环画带来新的生机。试想如果能有韩和平、丁斌曾先生那样的画家创作出《亮剑》这部连环画作品,那么市场反响将会如何?如果能有刘继卣先生这样的画家创作出连环画《康熙大帝》《雍正王朝》,如果能有陈光镒先生这样的画家创作出《大宋提刑官》这样的作品,那么我们今天的连环画必将是一个新的春天。

有人把中国传统连环画的衰落简单归结为日本卡通的入侵和电视等其他娱乐媒体的日益丰富和普及,这是不对的。著名的连环画家贺友直就认为:"连环画是被自己打败的",和其他事物一样,文化产品在发展中也要不断开拓和创新,做到与时俱进,这样才能在互相竞争中胜出。

六、数字时代中国连环画的创新

(一)表现手段的创新

1. 语言手段

语言手段包括无声和有声两种形式。无声语言主要指文字和图画,是符号化语言，它是平面信息的主要载体。传统的连环画是没有声音的，读者只能通过文字和图画获得信息。有声语言是指声音，如对话、旁白、歌曲等，数字媒体的信息几乎全部用有声语言表达，可以说，有声语言是数字媒体的主要表现手段。

音画关系指音乐与画面在影片中的结合关系。音乐是听觉艺术，画面是视觉艺术，两者都是通过一定的实践延续来展示各自的艺术魅力，它们势必会以不同的形式结合在一起。

声音与影像对于人的感知都非常重要，两者融合在一起的表达方式能够更好地吸引观众的注意力，伴随着影视录音技术的不断发展以及不同时代的思潮改变，动画中的声音与影像变得越来越丰富多彩，两者在动画中的结合也得到更加完美的展现。音画关系在动画中的发展不仅仅是一个声音变革的历史，更是图画与音乐的结合史。无论是最初在动画中只起到点缀作用的背景音乐，还是先锋动画艺术家们前赴后继的创新与探索，进一步到新媒体时代动画艺术的再次突破与开发，都是音画不断相互交融的过程。相比于电影，动画更能通过抽象的音乐和虚幻的画面之间的配合，融合出奇幻朦胧的意境，这是现实性的电影所无法实现的。

音乐可以解释画面内容，强化画面的效果，也能渲染与烘托画面。在影片中创造者的主观态度可以用音乐或者旁白来直观地表达，事物环境也可以用特殊的音效更好地来表现。如果将中国传统连环画艺术的一些素材和特点，与动画艺术进行融合，在构思影片的过程中，设计和安排影片的声音，据此创造出所需要的音乐、对白和音响效果，运用恰当的手段将中国传统连环画与动画艺术有机结合在一起，完美融会，取长补短，一定可以创造出新颖的、具有强烈感染力的艺术作品。

如今，数字技术高度发展，任何事都有可能发生，声音可以合成，而数字技术可以用以剪辑。将这些元素进行整合就可以完成一部艺术作品，这样的自由创作方式可以使创作者本身更加关注作品的创新和灵感，不断的修改和再造，摆脱一些现实状况的约束限制，从而不断发掘自己的潜能，创作出充满想象力的作品。伴随着虚拟现实体验、互动娱乐和网络游戏等新兴产业的出现，影音艺术引发了影片制作方式的根本性改变，它已经不仅仅是影片中特技水平提高的表现，可以说，影音艺术更由于艺术化的技术力量而进入了一个新的时代，这些都给观众带来了全新的视听感受！艺术化的影音处理技术直接引发了影音艺术的革命。声音的展现或沙哑或尖锐、可温柔也可生硬。无论我们听声音还是看图片，都能有不同的感受，这都是我们的形象思维在起作用。基于纸质媒介传播的传统的中国连环画是没有声音的，它是一种纯粹的"看"文化。把中国连环画进行数字化的处理，我们可以通过数字技术的手段赋予它音效与对白，这是它在语言方面的一个突破，从无声变为有声。

2. 文字处理

文字，有不同的字体，本身就是一门艺术。文字作为一种大众的信息传播符号，以其本身的形、意为基础，进行合理的布局组合，利用符号化、图像化的精简形式表达特定的信息和含义。在数字时代，文字的样式已不像传统文字般一成不变，而是以其独有的艺术魅力和艺术效果在视觉上带给受众巨大的冲击。比如：文字线条上不同质感、动感、力感、情态感等；文字各组成部分的呼应、俯仰、顾盼、萦绕等。这些不同的变化不仅给接受者在视觉体验上带来一种从未有过的新鲜感，更重要的是给接受者在艺术感受上带来一种心灵震撼！数字化语境下，经过艺术化处理的文字是一种特别的数字艺术表现形式，由于它既可表意又可表形的双重作用带给人完全不同的感受与触动。

文字对画面起到解释作用，也有它自己存在价值。就像我们在幻想鸟儿飞过时，如果搭配清脆的鸟鸣会帮助我们更快进入意境，而当我们观看画面的时候，文字也担当着重要的角色。我们可以创作更多文字的处理方式以增加画面的感染力。文字分为声响文字和带有提示性功能的非声响文字，但是声响文字更具活力，好的文字处理加上好的画面效果能更好地感染观众。当文字开始从纸面进入计算机显示屏时，计算机工作者们就在持续不停地探索让其显现出不同效果的方法。伴随着计算机软硬件的不断发展升级，文字处理技术已不再是起初单一的命令行形式，而是发展成如今的多种图形样式。文字的展现其实也有它自己的意境，我们在PS时总是会运用各种字体来对画面进行设计，也有把装饰性的图画融合到文字之中，也有把文字本身进行适当变形，圆圆胖胖的字体尽显可爱活泼，而中规中矩的字体尽显严肃正规，我们走在街上从各式各样的店面招牌也能看出文字的不同魅力。当然，在不同的软件环境下同样的文字显示的样式也不完全相同，这就形成了数字化环境下独有风格的文字样式。

文字由最初的静态呈现，通过数字化处理程序，产生包括字体、角度、高度、色彩、自由变换等一系列特殊图形动画效果后，变成了一种动态展示，这更加符合大众审美情趣。

3. 图像处理

数字时代可以带给图像处理过的内容，基于纸质媒介传播的图画可以通过进行扫描进计算机进行再创造，此外，数字图像处理的精度也非常之高。我们可以看到数字技术所能带来的效果，它可以改变传统绘画的形式，在数位板上可以对画作进行相应修改。如果把连环画的创作应用其中，我们可以通过软件对原始的画稿进行重新描绘，也能够通过软侧技术给它增添新的艺术样式。数字图像的艺术表现力也不会有丝毫的缺失。在对图像进行数字化的处理时，可以通过软件或其他手段，而对它经过处理之后的图片会是高清的图片状态，可以更好地用以输出和打印。图像处理水平不断提升，技术越来越先进。它不光能做出丰富多彩的平面艺术效果，也能够通过 3D 等技术实现极其逼真的立体效果。

运用数字技术后，中国连环画便具有了基于荧幕传播的一些优势，它能够将艺术作品形成统一，使之可以储存于庞大的、多样化的数字媒体的信息仓库之中。这样的数字媒体技术的运用使得艺术信息告别了以纸张、画布作为传播媒介的时代，从而进入数字化网络传播的新领域。随着高分辨率扫描仪和数码照相机这些设备的出现与更新，传统的中国连环画能够得以简便而准确地转变为数字图像，同时有效配合大容量存储设备而轻松实现信息的存储。这样使得绘画作品变得"不朽"，在很大程度上改变了中国连环画的命运。这样的数字化存储方式其实是保护文化遗产的最好方式，数字化的存储方式与下载方式使得中国连环画故步自封的整体状态被打破，而艺术信息可以被修改，依据自己的想法进行再加工与再创作，以满足自己的审美要求。

(二) 艺术形式的创新

中国连环画注重教育意义，题材中也包括许多中国古典神话，传达的是中国传统思想和美德，这些思想文化都值得被传承，但随着连环画的没落，这些传统的思想文化和艺术形式对于年轻一代来说已经变得越来越陌生。随着时代的发展，科技的进步，数字技术也越来越先进，利用一些软件技术已经可以完

连环画在儿童美术教育中的创作研究

成良好的交互方式设计，我们现在也可以考虑加入中国连环画的元素应用于一些教学辅助工具，就像现在小学生中所流行的方式能够增强学习乐趣，从而提高受众的学习兴趣，同时，也能够为连环画在这方面的发展创造有利条件。连环画的内容和表现形式通俗易懂，再利用数字化技术实现交互，形成一种动态艺术形式，然后结合教学内容，不失为一种提高教学质量的好办法。

（三）应用领域的创新

中国连环画艺术以其悠久的历史和独特的风格而著称，是中国古老的传统艺术。它具有高度的概括力，在一个画面之内它极尽所能地展现出最能表达作者内心感受的效果，线描是它的最基础的形式。在现代设计领域内，中国连环画艺术发挥着其独特艺术魅力，并不断创新，从而提升现代艺术设计的底蕴和内涵，推动了现代设计的进步和发展。

中国连环画艺术来源于人民大众的生活，不仅要继承传统，还要结合不同的设计领域，并进行创新，设计出具有连环画特色的作品来充实人们的生活和艺术。艺术既为时代服务，又能反映时代。时代在不断发展变迁，人们的审美情趣也在不断变化，所有艺术形式也必须随着时代的变迁而创新变革。中国连环画这一艺术形式，如果在经历时代浪潮的变迁，还墨守成规，缺乏创新，必然会被时代所淘汰。将中国连环画的设计元素融合到现代设计的其他领域内，或者把其他领域内的新观点、新思想、新内容加入到连环画的表现方法中来，保留传统特点的同时，汲取现代设计之精华，以崭新的视听形象展示于世界设计艺术品之林，是中国连环画发展的必然选择。要使中国连环画更好被传承，必须扩宽它的应用渠道，使它不仅仅只是一种图文的小说，而要使这种艺术形式更好地利用到其他的领域。

1. 应用于包装设计

中国连环画的图文结合的方式使它能够被各个阶层的受众所理解。产品设计是我们生活中经常接触到的，不管是从产品的包装还是设计各个方面都要经过设计师的反复斟酌，好的包装会让人爱不释手，就像有些人喜欢收集各式各样的糖果包装纸，或者是各种包装盒。连环画主要是绘画形式，那么它最好被利用的也是它的绘画元素，应用于包装设计是一个很好的选择，从它现在的收藏价值就可以看出，它仍然是被很多受众所喜爱和怀念，而且它本身具有很高的艺术价值，产品的包装设计如果可以采用这样的方式也不失为提升产品形象的一个好方法。

2. 应用于片头设计

所谓影视片头广告，也就是说，为了更加淋漓尽致地凸显出影视节目的丰富的思想内涵，更加深入地迎合观众的审美需求，可以通过采用先进的数字媒体技术来科学有效地融合文字、图形、影像、声音等多种形式的多媒体元素，从而形成一种集视听艺术和文化创意于一体的动态多维立体艺术结构，这就是影视片头广告。事实上，影视片头广告并非一个真正独立的艺术元素，首先，影视片头广告和影视节目的具体内容是息息相关的，其次，影视片头广告的设计也必须考虑到观众的审美需求。同时，影视片头广告自身也是一种特殊的视听艺术元素，它在特定的文化氛围中发挥出其应有的作用。

现在的片头设计创意变得越发困难，但是也越来越受到人们的青睐和重视。一个好的片头会对作品宣传起到事半功倍的效果，它会在第一时间帮助观众了解作品所要表达的主题。绘画效果的运用在片头设计中得到了很好的体现，每一阶段出现的绘画定帧效果和音乐的高低起伏被完美地结合，像动画元素和平面元素等在电影片头中的运用早已受到人们的重视，不仅使画面增添了一份与众不同的魅力，而且也提升了自身的独立欣赏价值。比如水墨动画效果的宣传片，那种虚虚实实的意境和轻灵优雅的画面使宣传片的艺术格调有了重大的突破。近年来计算机动画技术的极速发展，水墨动画得以借助计算机CG技术重新闪耀光芒。国内广泛的人群，对水墨艺术的形式始终保持热情。我们作为文明古国的现代设计师，对中国文化的传承有着义不容辞的义务与责任。中国连环画作为传统的艺术形式，也可以借助计算机技术应用于片头的设计中，把中国连环画的元素很好地结合进来，即可以拓展连环画的应用领域，又可以丰富片头设计的艺术样式。

3. 应用于广告设计

一个国家的设计风格是由独特的历史文化及社会环境等综合因素所决定的，因此其设计风格也应该是独特的。中国文化元素源自中国传统文化，扎根于中国社会历史，是中华民族文化的重要体现，为现代艺术设计提供了取之不尽用之不竭的创意素材。将中国文化元素应用于现代平面广告设计，不只是对传统文化的传承，更是新时期中华民族的一种语言，一种文化观念，一种参与世界文化交流的意识形态。

现代平面广告设计，是当今信息时代艺术表现形式中重要的一种。虽然现代平面广告设计中运用了大量的现代化元素，但是随着现代平面广告设计的不断发展和文化表现形式的不断变革，人们逐渐将追求的目标放在了寻求自然、淳朴和原始中国元素方面，并且在现代平面广告设计中也融入了大量的中国元素。基于此，可以考虑将传统的中国连环画元素同现代元素进行有效的融合，使现代平面广告设计变得更加完美，将中国文化更好地表现出来。现代平面广告设计是我国物质文明和精神文明集中体现的重要渠道，在现代平面广告设计中更多地融入中国连环画元素，使中国连环画元素同现代元素进行完美的结合，不仅能够将我国的连环画通过广告的形式进行弘扬，还是对我国传统文化元素的运用与再创造，丰富了广告的表现形式。

4. 应用于 CI 设计

CI 设计的主要作用就是识别：让消费者在众多的企业中一下就能认出你，并在消费者的头脑中留下深刻的记忆。CI 要具有行业特色，在行业中又要有独特的差异。对外要高度差异，对内要高度统一。可如今企业的 CI，识别性、记忆性越来越差。造成这一现象的原因主要是企业对 CI 的重视程度不够。企业不愿意花钱，随便找几个院校的学生来做 CI，再把企业自身的一些制度、经验、理念加上去，所谓的 VI 或 CI 就出炉了；有些企业则把固定的一套"CI 模块"拿出来，根据企业的情况稍加改动、拼装就成了，根本不考虑或没有能力考虑企业的自身特点、人文内涵、发展战略、行业特点等深层次因素与市场实际情况。

在中国一些"老字号"企业也存在此问题。老字号企业一般都经历了家族企业——公私合营——国有企业的变化历程，在市场经济条件下，其体制和运行机制与市场要求发生了脱节，老体制已经很难适应新时期发展的要求。"老字号"的文化创新，提高品牌影响力，成为当务之急。而连环画的艺术样式，正适合老字号的宣传。"老字号"，顾名思义是具有悠久的历史文化内涵的中国民族特色的老企业，当下流行的"洋"设计如运用在老字号的形象设计上是很不适合的。而中国传统连环画无论从内容还是形式上都是"国粹"，有独特的文化底蕴和精神内涵，这种"传统"艺术形式和"老字号"的品牌，在中国百姓心目中都有着很深厚的感情基础，二者结合，有异曲同工之妙，可唤起消费者的共鸣；"老字号"大都有不同的曲折发展史，自身故事性较强。连环画"图文并茂"的表现样式，更适合"老字号"介绍自身的历史、文化。在扩大品牌的宣传中，当下的企业宣传，使用图片大都是高科技的数码照片或电脑制作出的场景，现代感大大增强了。但这反而削弱了"老字号"深厚的文化底蕴，"线描"是连环画的主要表现形式，是中国画的重要表现形式，能体现出民族特色，在这点上也更能体现"老字号"蕴含的文化。"老字号"企业在改革创新中应坚持传承优秀、借鉴现代理念，丰富文化内涵，将企业文化与品牌、诚信体系相结合，以诚信维护品牌，以文化创新企业形象，提高老字号的品牌影响力。同时，一些企业发展相对比较缓慢，而企业员工的素质也良莠不齐。这时导入CI就要考虑该企业人员能否深刻理解，否则，也难以发挥作用。而有些策划公司喜欢把CI搞得高深莫测，用大量深奥但并不见得实用的术语和组组数据进行堆积，做得如"天书"一般，而连环画的通俗性可更好地使员工理解企业文化。

（四）制作手段的创新

相信上海电影制片厂的水墨动画都已经深深地印在每个人的脑海深处，那是中国动画发展的高峰时期，是积聚了很多艺术家的智慧与技艺的完美呈现。虽然它也没有得到长足的发展，可是它的成就是毋庸置疑的。中国水墨动画的淡出是由于它与商业价值的脱离，制作成品高昂，太过于艺术化，现在也有将中国传统水墨艺术与数字技术进行融合的方式来进行创作，作品得到了很大的好评。可以说中国传统连环画和水墨动画的发展一样，都经历了自身的高潮与衰落，它们都有着强烈的东方特色，可是却没有适应时代的发展需求，不妨从这个方面来入手，将两者进行融合。不管是对于动画来说，还是对于传统连环画来说，都需要改变和创新，相信这样的方式不仅仅是对恢复中国传统连环画的影响力，对中国动画的发展怎样能具有自身的明显特点和原创性也有着很大的好处。

传统连环画的优点是思想深刻，艺术功底深厚，但其缺点也很明显：一是题材单调，缺乏新意，甚至有不少说教的内容；二是一图一文，简单对应，严肃有余，活泼不足。近年传统连环画的质量有下降的趋势。

拿动画片来说，它就是很好的数字技术的一种体现。它吸引了大多数儿童的关注，也有一些题材是成人所关注的。日本的动画和美国的动画发展早已成熟，动画的发展带动了一些相关产业的发展，比如动漫衍生产品。美国的商业化模式雏形就是以动画形象作为品牌特征的商业模式。最先推出的明星米老鼠，后来以米老鼠的朋友出现，又推出了各种动画角色，从个体明星到群体明星，通过各种动画形象品牌群体来发展动漫衍生产品，形成产业链的发展模式。数字传播媒介的大容量储存和广泛的传播，使它吸引了大批的观众，由此这些品牌的产品和众所周知的迪士尼乐园得到了长足的发展，甚至超过动画片本身所带来的利润。为什么动画会如此受欢迎？试想一下，一段美妙的舞蹈没有动人的音乐配合，该会少了多少震撼？一部动人的影片如果突然没有了声音，会多么令人觉得乏味？现在又有了3D技术，以及在IMAX影院观影，这样能让观众仿佛置身现场，《阿凡达》的成功又带动了很多新的突破。不可否认的是，任何艺术都应该要跟上时代的进步、科技的进步，要展现一个时代的特色。那么想要不被淘汰，就应该找到新的方式做出调整来适应这种发展。这些强有力的冲击使数字媒介毫无疑问的对艺术形式产生了深刻的影响，中国传统连环画的衰落有它不可忽视的弊病，除去题材的老套和绘画风格的单一，缺乏吸引力来引起大众的兴趣，这同样是不可忽视的一个方面。纸质媒介有纸质媒介的阅读优势，但我们也可以尝试数字媒介的传播方式，数字艺术所具有的优点也能够对中国连环画的发展起到好的影响。

　　现代动画中除了构图和绘画规律等因素外，气氛的烘托，声音与文字也是非常重要的组成部分。而这些在中国连环画中是没有的。正因为有了这些元素的融入才使得动画更具有活力，画面更有张力，视觉效果更加丰富，也更能捕捉人心。我们从中国现有的一些动画作品可以看出，中国作家缺乏想象力。对于作品题材的把握不够，动画并不是只给小朋友观看的，题材不应过分简单，当然这要求在剧本创作时就应该明确具体的受众。我们必须尽快创建高质量的中国卡通，让世界刮目相看。我国动画电影家许多是美术行伍出身，传统绘画遗产对他们有强烈的吸引力，同时，美术风格所获取的国际性声誉，在一定程度上又形成了他们创作时的思维定式。中国连环画虽然淡出舞台却十分具有中国传统的文化特色，而且有浓郁的中国风。其实在当时的《大闹天宫》中，我们经过仔细对比可以发现里面很多的绘画元素与有对中国连环画的参考与借鉴，当时《大闹天宫》取得的成就也是不容置疑的。

动画的制作手段很多样，从传统的二维手绘发展到现在的 FLASH 动画、3D 动画等，视觉效果也是越来越惊人，像有些 FLASH 动画的画面效果也已经可以达到传统二维手绘的视觉感受，原本的计算机动画有显得僵硬之处，但是随着技术的不断进步和动画家们的不断探索，已经可以以艺术为手段来达到心中所想的效果，而且现在很多优秀的动画都可以展现出二维和三维的完美结合，画面效果十分唯美。利用这些软件技术对动画制作不断提高标准和要求也是促进动画进步的重要因素。

将影视动画的剪辑概念和分镜头技法有效应用在连环画的多幅图形图像设计之中，使作者进行画面叙事时的精准度得以提升，让受众观看时对画面内容有更加清晰的认识，提升阅读的兴趣以获得审美享受。影视动画也是视觉艺术的范畴，它发展了百年，它深受历史悠久的美术发展而又成熟的经验影响。传统的中国连环画形式必然会吸收影视动画的高技术性。与此同时，中国连环画中强烈的民族特色和东方文化内涵也值得影视动画学习借鉴。要在动画的造型和场景设计，线条的使用等具体的方面加以应用。这样的相互学习与相互融合，能使经典的中国连环画艺术尽早搬上荧幕，这种尝试与应用不仅满足了大众审美情趣的多样化需求，对中国连环画的创作也起到很好的作用，而且为中国影视动画创作提供了新的思路，对于动画如何具有我国自身的特色有积极的影响，对风格的探索和题材的丰富都有积极的意义。

第七章 "连环画"项目化对儿童美术教育的启示

第一节 注重儿童综合素养的发展

儿童艺术教育作为大众艺术教育的有机组成部分，综合素养应是教育最重要的目标之一。通过创作连环画这种创造性的方式，可以有效地发展儿童阅读、写作、理解、表达、绘画技能、发散思维、概念形成以及讲述故事的能力，帮助儿童有效地表达自己的兴趣和经验，对儿童的健康成长起到综合而全面的积极效用。

在推广儿童画教学中，我们应适时地拓展学生学习美术的空间，促进学生个性的全面发展与文化的传承，培养学生的创新精神和实践能力，以及热爱家乡的情感，使学生形成基本的美术素养。以此课程改革的基本理念为导向，通过开放的课堂，把其融入教学中，进行创作与拓展，延伸与融合，让学生在浓浓的学校文化底蕴的滋养中完善自我，提升美术素养。

一、树立大美术教育观，让学生在广泛的文化情境中认识美术

在课程实验中，引入大美术教育观，既要重视学生在知识技能方面的学习和训练，又要引导学生体验学习过程，让学生在对人类社会及文化的体验中真正认识美术课程的社会价值。首先，严格执行课程计划，开足美术课时，确保

把美术课堂教学作为主阵地。其次,做到课内与课外的有机结合,坚持"课内打基础,课外搞拓宽"。经常利用假期组织学生深入田地与山水间进行野外写生,让学生到大自然中去捕捉、观察、感受、体验,让学生在写生中学会取舍、学会概括、学会表达。实践表明,学生通过个性化的写生,不仅可以丰富作品的内容,而且也可以让作品更加贴近自然、贴近生活。

二、树立学生发展观,使学生形成基本的美术素养

在美术课堂教学中进行大胆的改革创新,打破了传统的教学模式,改变以临摹为主的传统注入式教学法,代之以审美为主,启发学生创造性思维,探索出"审美——想象——艺术创造"的美术教改之路。实践证明,沿着这样的思路进行连环画项目化教学是行之有效的。

三、树立开放的教学观,培养学生创新精神和解决问题的能力

连环画项目化课程建立在平等、互动、开放的课堂教学平台上,充分发挥学生的主体性和创造性,引导学生在实践调查、探究中发现和解决问题,注重学生个性与创新精神的培养,采取多种方法,使学生思维的流畅性、灵活性和独特性得到发展,最大限度地开发学生的创造潜能,并重视实践能力的培养,使学生具有将创新观念转化为具体成果的能力。

四、树立综合课程观,激发学生学习美术的兴趣

连环画项目化课程的引入从一定程度上淡化了学科中心,把连环画项目化教学与各种课程资源有机地整合、优化,将连环画项目化学习活动与学生的生活经验联系起来,实现课程开发的社会化、实用化、个性化和多样化,并充分调动学生的积极性和主动性,激发学生学习美术的兴趣。

第二节　自主参与和合作创作的原则

儿童美术教育的根本任务，不是单纯地培养孩子们在造型方面的观察力和技能技巧，更重要的是通过愉快而且富有创造性的活动，让孩子们体验、发现创作的意义和喜悦，培养他们的人文素养与美术素养，使他们的观察力、记忆力、想象力、创造力和思维能力等方面都得到充分的锻炼和提高，增进他们的全面发展。

因此，在美术教学中应强调学生自主学习能力的培养，注重欣赏到连环画创作及激发儿童的创新求异几方面，来分阶段、渐进式开展教学，这是适应现代教育发展趋势的，但要注意每个阶段不是孤立的，应互相糅合，各有侧重。

一、连环画美术教育，对儿童兴趣的培养是开端

儿童在小学低年级时，喜欢用一些视觉元素作重复的排列和简单的组合，这是儿童时代最富有幻想的阶段，思想最富有弹性和个性。儿童画的画，有它独立的艺术特点和审美价值，儿童画具有思想独立性，想象丰富，色彩大胆，粗线条不受任何约束，也是最直接、最自由、最能尽情抒发真情实感的游戏活动。因此，我们不能用成人的眼光要求他们、限制他们、评价他们，这样会看不到儿童的不同特点。要因势利导，因人、因时、因情诱导他们，用各方面的优势施以温情，顺应儿童心理，不可强迫儿童画画。要开展各种活动，激发儿童的兴趣，使儿童从无意注意转化为有意注意，教会他们观察的方法，增强他们的自信心和主动性。

二、美术欣赏教学是儿童美术教学的重要组成部分

在小学美术欣赏课中，教师为了激发学生的兴趣、开阔学生的视野，许多时候会增加一些欣赏内容。然后教师往往以自己的爱好选择作品，从而一味地追求"纯艺术"，忽视了学生已有的认识与欣赏水平及欣赏的心理倾向。因此，在学生欣赏的题材与内容的选择上应注意要选择与儿童的认知和欣赏水平相贴近，能激发儿童兴趣的作品；要选择本身富有儿童情趣的、易于儿童接受与理解的作品。

1. 注重学生的自主体验是"关键"

美术欣赏是主客体的统一，欣赏活动必须依赖学生主体的直接参与，才能激发学生欣赏的情意，获得深刻的体验，教师过多、过细的讲解，既不利于学生对作品的真切感受，又不利于学生欣赏能力的养成。为此，可采取的教学策略是：①课前给学生充分的时间预习，引导学生收集与欣赏内容相关的资料，让学生有备而"赏"，缩短学生与欣赏内容的距离，产生欣赏的直接兴趣；②在出示欣赏作品后，让学生仔细地"读画"几分钟，然后再请学生说说对作品的印象和直觉（初步的感觉）；③用思考题的形式引导学生观察画面，可以从色彩、线条，给人的情绪上去细致地体味；④必要时，对于欣赏中出现的一些问题，可以采用小组合作的形式进行欣赏评议，以发挥学生的自主性，并为班级交流欣赏成果做准备。

2. 欣赏与动手相结合是"外力"

欣赏教学与工艺、绘画的教学不是孤立的，而是相互作用的。学生如果有了工艺、绘画的实践，就能更好地理解与认识艺术作品。欣赏教学要善于借助学生绘画与工艺等美术实践的"外力"。在欣赏儿童连环画时安排操作活动，如教学连环画绘画和工艺品欣赏时，不妨让学生照着作品的风格、形象临摹一下，这样有助于学生理解作品。

三、激发学生创作兴趣，培养合作创造精神

创作，是运用学生所获得的美术知识、技能，经过构图，围绕一定的主题思想来表现画者的思想感情。创作对于培养学生积极观察生活、认识生活，都十分重要。教师要结合研究儿童心理和儿童画的特点，对各年级的创作练习要有不同的要求，要努力激发他们的合作创作兴趣，始终发挥他们丰富的想象和大胆表达的优点，培养他们的合作创造力。

1. 儿童绘画创作的题材

来自儿童直接或间接生活的人物、风景、动物或者想象中的事物，都可作为儿童绘画创作的题材。低年级可以从观察描绘单个实物、人物开始，进而画出几种实物或者几个人物。中高年级，教师要逐步引导学生观察生活，从生活中发现创作题材，去表现一定的主题思想。

2. 儿童绘画创作的命题

创作命题，是创作教学重要的一环，可以教师命题，也可以教师指导下让学生命题。教师命题应是儿童在生活中有所了解、印象深刻、感兴趣的，要注意思想性、积极性。命题范围可以大一些，让学生在大范围内自己去选择具体题材，也可小些，就是在具体一件事的范围里，让学生思考怎样表达。命题防止空泛抽象不切实际，要有一定范围，但不受拘束。

总之，孩子们在连环画的创作过程中体验到了自己做主的自由与快乐，孩子们不但以此锻炼自己的艺术才能，更学会了如何讲故事。由于连环画的创作通常是由大家合作进行，因而提高了孩子们主动参与交往的积极性，并促使他们紧密团结在一起。

第三节　社会的积极关注与支持

一、儿童社会支持的意义

对儿童而言，社会支持对其发展具有重要的心理学意义。首先，社会支持为儿童与社会交往提供了中介、对象，同时它本身又是儿童心理生活的一部分，社会支持影响儿童的社会构建，为儿童心理事实的社会建构提供了基本素材。儿童的社会支持系统是由儿童与周围有接触的人的交往活动所构成的系统，儿童是生活在一定的社会网络之中的，社会支持从一定程度上为儿童的发展提供了物质和精神的基础以及行为发展的基本范畴。

其次，儿童是通过社会建构即人际互动来实现自己的发展的。按照社会建构主义的理论观点，人的心理事实的建构是社会过程的产物，不存在一个超时间、超文化、超历史的人的内在本质。所谓人的内在本质实际上是特定历史时代的认识论建构，是社会建构的产物。个体的态度、行动及价值观等是公众即社会的规则系统，公众的规则系统界定了个体思维和行动的所有的可能的形式，认为社会支持是影响人的发展的一个重要因素。儿童通过与社会支持的主体不断地交往过程，来实现自身的发展和社会化过程，即儿童的心理发展是社会支持等外部资源与儿童个体双向选择与作用的结果。

在儿童的社会支持系统中最贴近儿童生活的是家庭。在所有的社会支持中家庭因素是一处最基本、最敏感的部分。家庭成员之间的关系、家庭的教养方式、家庭物质支持的状态等，对儿童的发展至关重要。家庭一方面为儿童的发展提供社会支持的基础模式，规范儿童对社会支持的感受与利用，以及儿童可能为他人提供的社会支持，另一方面这种社会支持背景下形成的人格将成为儿童接受和提供社会支持的模型，并最终影响儿童个人的发展。

儿童根据日常的行为和体验（社会建构）形成了自己的人格，同时形成的人格又反过来影响人的行为，改变人的行为。主观感知的社会支持更多地反映着一种个体差异，因此，有研究者认为主观感知的社会支持更可能是一种稳定的人格特征，而不仅仅是一种环境变化，人格与社会支持之间存在着密切的关系。

二、"连环画册"项目对儿童美术教育的影响

"连环画册"项目广受大众和媒体的关注与支持，这当然取决于项目取得的显著成功，但社会的关注可以对项目的推广起到促进效果。在媒体与大众的广泛传播和推动下，"连环画册"项目已经获得多个地区团体和基金会的支持和资助，为项目的进一步发展建立坚实基础。

第八章 基于连环画的儿童美术创作的教学设计引导模式研究

进行美术教育,首先要明确推动儿童美术的发展的因素不是单一的,而是受多方面的影响。因此首先教育需要从多方面入手,教育的措施应该是全面的。其次是,对每个儿童的情况要做具体的分析,掌握他们在发展的不同阶段、不同因素变化的情况下对其灵活、不失时机地进行教育;最后,要把握好各个因素相互转化和教育的度,保持孩子对事物的新鲜感和审美态度,使儿童处于敏感活跃的创作活动。儿童的美术创作包括表现和设计两个部分,表现旨在反映生活,设计则着眼于满足生活和审美的需要。教师在利用连环画进行美术教学时,启发孩子们创作,可以有以下三条思路:一是从连环画的主题内容出发启发引导创作;二是从连环画的艺术形式美的规律,如连环画中的线条、图形、构图和色彩的组织结构及其特征出发启发引导创作;三是从连环画中应用的新型材料,即从媒介的特质出发引导儿童创作。

第一节　教学模式课程设计的理论借鉴

一、人本主义的教学论

人本主义的教学论观点有两方面特点，即主张"教育以学习者为中心"，以及"非指导性"教学思想。第一，相信人具有自发学习的天然倾向，但取决于影响个人行为的知识；第二，知识的获得只有在个人经验中通过自己发现，化为己有才有意义；第三，教学的价值不是单纯学习知识，主要是发展创造力，形成独立自主的个性，能适应世界变化；第四，学习者具有自我实现的潜能，有自我认识、自我指导和自我评价的能力。

人本主义教学论中的"教育以学习者为中心"和"非指导性"教育思想承认人自身都具有潜能。每一潜能都被描述成能够得以施展或实现的论点，与儿童自身存在绘画潜能，并能够随认知和感知自然向前发展的观点是一致的。每个人都具有向完美发展的潜能，因此教育必须尊重人性，强调人的自由、尊严和人格，重视学习者的自发性和主动性。在教学中不能把学生作为被动接受知识的容器。美术活动有利于促进儿童摆脱外在化自我，走向内在化自我，帮助和促进儿童走完这个人文发展过程。我们认为人本主义教学论中的主要观点对促进人的主动和谐发展具有积极的指导意义，与建构美术课程标准的主导思想相吻合。同时，我们也注意到需要避免过于轻视知识掌握的倾向，并且在尊重儿童的前提下，也要重视发挥教师的主导作用，处理好教师为主导、学生为主体的辩证关系。

二、认知发展教学论

瑞士心理学家皮亚杰（J. Piaget，1896—1980年），一生研究儿童思维发展，提出了儿童智力发展阶段说。他认为儿童的智力发展从感知、动作开始，在活动中感知、动作逐渐内化而构成直觉思维、具体思维，最后达到逻辑思维、理性思维。他把儿童的认知发展划分为四个阶段：感知运动阶段（0～2岁）、前运算阶段（2～7岁）、具体运算阶段（7～11岁）、形式运算阶段（11～15岁）。皮亚杰认为儿童之间在某个年龄段会有差别，但各阶段的发展顺序不变。

根据我们观察，儿童的绘画能力与其相应的各年龄段，也存在着一条连续发展的轨迹，尽管不同孩子发展有快、有慢，但发展顺序不会颠倒。儿童在10岁前一般都具备绘画的潜能。美术教育的作用在于帮助儿童发展潜能。

因此，按照儿童的不同年龄阶段，充分考虑他们自身思维结构和心理发展的特点，以及绘画能力、特征，是制定美术课程各阶段学习目标、课程内容、心理过程评定和教育方法的基本依据。不过根据观察，儿童绘画能力差异还是比较大的，不能过分强调"阶段说"来制定教学目标。教学应充分考虑个体发展的不同，给学生以更大的发展空间。

三、结构教学理论

美国教育心理学家布鲁纳（J. Brunet）的教学理论，最有代表性的观点是结构理论和发现学习理论。布鲁纳从心理倾向、知识结构、教学程序和反馈运用四方面，详细论述了教学论基本原理。他从崭新的角度回答了怎样选择教学内容，什么时间是教学最佳期，采用什么教学方式等问题。

他认为，教学内容的选择应是学科的"基本结构"，即学科的基本观念和基本原理。这样组织教学内容有利于理解和掌握整个学科，有利于整体记忆，有利于学习迁移和有助于缩小知识差距。美术教学内容选择"造型元素"和"组织原理"作为学科的"基本结构"，等于把造型的最基本的原理和方法教给儿童，让他们自由运用和选择自己的方式去创造视觉语言，无论用表现性的、装饰性的、抽象的还是写实的手法表现感受，都可以从个性发展的角度完成学习目标的教学要求。

此外，布鲁纳的发现学习理论认为"学习"是一种过程，而不是结果。他认为"学会如何学习"比"学会什么"更为重要。认为教学不应以传授知识为唯一目的，教给学生解决问题的学习策略更为重要。因此，学习者应充分发挥自己的主观能动性，亲自通过发现、探索学习知识，掌握规律。所以教学过程是教师引导学生发现的过程。同时，他认为教学过程是引导学生进行创造性探索的过程，而教学结果是实现教学目的的成果检验，它在教学中同样不可忽视。

布鲁纳所论述的教学原理和方法，是实现使学生能适应未来发展需要，打好持续发展素质基础教学目标的有效途径。它能引导我们走出长期以来教育目标与实践目标脱节的困境。发现学习理论使教学不再成为封闭系统，彻底打破了教师主宰课堂的传统，建立起学生自主学习的机制，不仅使学习效率大幅度提高，最重要的是培养了人的自主、自立、自强的精神和能力，为他们一生的发展奠定了基础。

美术教学采用发现学习理论的优点是：

第一，有利于开发智力。给学生自由思索的机会，培养动脑习惯，消除惰性心理。儿童通过对信息进行分析、归纳、推理，促进思维能力发展，也便于发展创造能力。

第二，能激发学习的内部动机。用自我奖赏作为动力，就可能养成具有方向性、选择性和持久性的学习行为习惯，建立起自主学习机制。

第三，掌握探索方法。用解决问题的模式发现学习的方法包括使用信息、尝试假设、直觉思维与分析思维、对照与比较等。教学时不教现成结论，而是以信息（利用各种视觉刺激去感受）引导联系生活实际去联想，或实地去体验，再加以想象，自己探索解决问题的方法，从而积累经验，使认识得到升华。

第四，有助于记忆保持。布鲁纳认为人类记忆的首要问题不是储存信息，而是检索信息。要使学生知道去哪里寻找信息，获取信息。学生通过自己查找、发现的学习活动，会使材料更容易记忆。

第二节 从连环画的主题内容出发引导儿童美术创作的教学模式

在幼儿园中，引导儿童从主题的内容出发进行创作，可以采用美术活动的形式，以计划与生成相结合的方式进行，主题定下之后，确定题材的内容，记载主题之下选择美术表现的主要形象和事件。没有明确的形象就没有美术描绘的对象，没有事件，儿童就难以展开思维。研究发现，儿童的思维是以叙事，也就是故事的方式展开的。以故事结构课程引导儿童进行创作，往往最能激发儿童创作的灵感。连环画故事性、艺术性的特征，正好契合儿童思维的特点，我们可以以连环画的故事主题为蓝本进行教学设计。

一、教学模式路径探究

一个完整的课堂一般包括：活动设计的背景、活动的目标、教学重难点、活动准备、活动过程、活动评价延伸。下面针对以连环画的故事主题为蓝本的教学设计的模式路径给出建议。

1. 活动设计的背景

认识一个事物或者了解一个人，甚至是作品等，了解其背景，非常的重要。教师在进行活动设计时，我们首先要明白我们为什么要确定这个主题，要传达给孩子什么。然后教师在选择连环画时，也要了解作者创作连环画的背景，作者想要传达的"精神"，可从以下几个方面进行挖掘：创作的时间背景、连环画创作主题背后的故事、连环画创作表现的手法、连环画制作的背景（连环画书有不同的形式，有圆形、方形、立体形状等等），教师自己把这些都弄清楚，再进行课堂迁移，就会容易很多。

2. 活动目标

教学活动的目标的确立是决定一个课堂成功的关键，不同年龄的儿童针对的教学目标也会不一样。用连环画故事主题迁移进行美术教学，小班3～4岁的儿童的教学目标就是让孩子体会故事的乐趣，感受快乐，并能够记住简单的故事环节，进行连环画故事内容相关的涂鸦活动就好了，当然每一期的目标可以层层递进。中班4～5岁的儿童的教学目标相对于小班可以进行提升，教学目标难度加大，这一时期的教学目标，除了体会故事的乐趣、感受快乐之外，儿童记住故事的环节，并可以复述连环画故事，对连环画的创作媒介和手法有一定的介入，通过这些方面的了解，进行主题相关的美术创作。大班5～6岁的儿童不论在语言理解和美术的创作技巧都比较丰富，这一阶段的教学目标就要相对增强，可以让他们观察故事的角色的特点，锻炼他们的观察能力，然后通过连环画故事的互动描述，进行故事的延伸创作和故事角色的表演（比如下面皮影戏的方式、角色对话表演、故事游戏活动等等），或者其他更多的开放性的活动，从而达到提高儿童的审美欣赏和创作能力。

3. 教学的重难点

教学的重难点的把握，每个年龄段每个教学设计都要有所区分，老师根据实际情况把握。大致的建议如下：小班的重点可以让儿童感受连环画语言的幽默、有趣，能跟上故事的节奏，难点就是通过故事的讲述，课后能够简单复述故事的情节，提高他们欣赏连环画美术的意识。中班，重点是引导儿童认识故事的角色特点，美术创作的手法，锻炼观察能力，难点是学习连环画创作的手法，可以是简单的接触为主，比如水彩创作的连环画，那就是孩子了解水彩，进行颜色尝试，不具体到形体的创作。大班儿童的重点是引导观察故事角色，分析特点，难点是进行具体的故事延伸的创作。

4. 活动准备

活动前的准备很重要，良好的教具和活动氛围的烘托，可以更有效地带动课堂的发展。活动前在条件允许的情况下，根据连环画的主题，准备一些教具，对教室环境进行布置。

5. 活动过程

活动过程分为四个环节：课堂导入、创作指导、课堂评价、课堂延伸。

课堂导入：导入有很多方法，简单介绍几种：一是可以直接拿连环画，儿童围坐在老师周围进行互动的讲述，引导观察，进入角色。二是可以借助多媒体、音视频连环画的播放，直观的导入。三是通过教师的合作，表演的方式呈现给儿童，进行课堂的趣味导入。

创作指导：创作指导很重要，要有必要的示范，幼儿园的孩子还处于模仿的阶段，老师的示范重点在于绘画工具的使用示范，开放引导的方法的示范，不能太具体形体和某个事物，从而禁锢孩子的思维拓展，遏制孩子的想象力。

课堂评价：评价环节以开放性的评价为主，幼儿园的孩子以鼓励为主，根据课堂的互动表现，不局限于作品的效果。

课堂延伸：一般美术课堂创作出作品就算是达到目的了，课堂的延伸也是现在课堂的一个重要的环节，是检验孩子课堂知识输出的重要方式。课堂延伸的方式有很多，比如作品的展出、连环画主题的互动表演（比如下面案例《嘘，我们有个计划》进行主题故事表演的方式）、家庭亲子互动等等。

二、教学案例——连环画《嘘，我们有个计划》（亲子活动）

《嘘，我们有个计划》是"创意天才"克里斯·霍顿作品。这是三个"有计划"和一个"老捣乱"的小伙伴，关于付出与获得、爱与善的故事。四个小伙伴一起到树林里去捕鸟。三个高个子带着捕鸟网，装备齐全，"计划"得好好的，

第八章 基于连环画的儿童美术创作的教学设计引导模式研究

一步步靠近鸟儿。但是小个子总是在最关键的时候,无意中捣了乱,破坏他们的计划,让高个子的捕鸟计划一次次落空。就在高个子郁闷的时候,小个子向鸟儿掏出了一样东西……然后……奇迹就出现了……

我们分析连环画资料,挖掘连环画多元价值。该连环画故事轻松幽默,卡通可爱的人物动态形象,画面和谐的蓝色烘托出夜晚的感觉,画面效果对比强烈,能带给儿童快乐审美情趣。具体的启发教学设计步骤如下:

1. 讲连环画故事,了解主题,认识人物角色

首先,老师利用 ppt 边播放故事,边用生动的语言讲连环画故事,分析人物的特点和人物的表情特点,以及环境的气氛。在讲故事时,要求老师的语言要生动,变换语音语调,不同的人物可以用不同的语音语调,凸显人物特点。

2. 引导儿童回想故事,用卡纸制作人物角色

故事讲完了,引导儿童回想故事,想象哪个人物比较有趣,把最有印象的角色用笔画下来,然后和父母一同把这个角色剪下来,再进行组装成一个立体的作品。

3. 用皮影戏的方式表演故事

因为连环画的故事是在夜晚发生的,可以在设计时就将场景设计成了皮影戏的戏台,将小朋友分成小组来表演,因为是新的形式,小朋友们的表现都很积极。

4. 课堂评价,揭示爱的审美主题

课堂评价阶段,这节课评价的侧重点是看小朋友们的参与互动的过程,首先让小朋友们分享这节课的上课感受,然后再播放孩子们的皮影戏表演视频,进行作品的评价,以正面评价为主,鼓励学生,增加他们的积极性。

第三节 从连环画的形式规律出发引导儿童美术创作的教学模式

连环画里的插图本来就是美术创作者设计出来的作品，蕴含丰富的形式美的元素和形式规律。我们可以通过连环画来启发孩子们学习形式规律，启发他们进行创作。

形式规律是美术作品的很重要的要素。美术作品中的点、线和色彩、形体之间的组织关系，以及与此相应的各种表现手法构成美术作品，各种形式规律都蕴含着意味，这种意味既在抽象作品中表现出来，也蕴含在写实性的作品之中。

从连环画的形式规律出发引导儿童创作，不是将某些美术形式孤零零的直接呈现给儿童，而是从欣赏作品开始，从作品中感受、理解美的形式规律及其韵味；以此为前导，在儿童对形式规律有所感悟的基础上，导向相关的创作目标，启发幼儿进行创作。

一、教学模式路径探究

作品的形式规律是很难给儿童讲解的一个问题，但也是必不可少的基础知识了解的范畴，如果植入连环画给儿童进行讲解，相比会降低难度。教师可以将连环画进行分类整理，找出一些有趣的典型，形成系列课程。比如点线面的连环画有《点和线的相遇》《飞动的点线面》《想吃苹果的鼠小弟》《咦，这是什么？》等都有点、线、面的美术元素在里面；关于色彩的连环画也非常多，如《柠檬不是红色的》《小黄和小蓝》等几乎每一本的连环画的色彩搭配都是经过严格考究，呈现给读者的，都值得借鉴；关于形式图案，连环画也丰富多彩，比如《花格子大象艾玛》《母鸡萝丝去散步》《艾玛与风》等，通过这些连环画，要比干巴巴地讲图案通俗易懂得多；关于形体之间的组合利用连环画就更是直观，连环画的构图通常就是充满故事性，给人想象的空间，美术作品的表达也需要这样的精神在里面。另外，连环画的形式、表现手法、种类都非常的丰富，教师通过分类整理，形成系列的课程，并不是很难，也会达到预期的效果。

二、教学案例——《花格子大象艾玛》

《花格子大象艾玛》是"寓言大师"大卫·麦基的经典绘图作品系列。首先教师要分析连环画资料，挖掘连环画的多元审美教育价值。该连环画故事轻松幽默，画面丰富多彩，色彩柔和，绘画中有很多简单的几何图案组成的花纹，能带给儿童审美情趣。在教学设计当中，偏重于利用连环画中装饰画的图案美，提升儿童图案装饰的迁移力、创造力。具体教学设计步骤如下：

1. 讲故事，导入主题

教师用生动的语言描述故事，可以借助多媒体播放连环画，以图文的方式把故事讲给孩子们，并导入主题——为大象艾玛设计新装。

2. 欣赏花布，运用经验观察交流

课前准备一些花布，课上组织儿童欣赏漂亮的花布，观察花布上的图案，引导孩子发现图案排列的规律。让儿童运用已有的经验，从图案的排列、图案的色彩上，去感受对称与均衡、对比与调和、连续与反复的关系。

3. 试穿花衣，比较观察图案变化

运用现代数字教育工具，首先制作一只身体透明的大象艾玛造型，再利用白板截图、镂空的功能，让儿童自主尝试将透明的艾玛移动到花布上，为艾玛试穿各种美丽的衣服，进一步感受图案的内容和形式，领悟色彩搭配不同的美。

4. 装饰大象，经验重组大胆创造

引导儿童开展美术创作活动，为大象过化装节。欣赏各种动态的大象并画下来，为大象变装，即在大象身上装饰美丽的图案。

5. 展示作品，组织学生分享创作故事

小朋友们虽然在大象的造型上，因为手部控笔能力的影响，大象的造型弱，但是对于图案的应用及其规律都得到了较好的锻炼，作品符合年龄特点，又充满趣味。

最后，组织小朋友们进行分享，也就是自我点评。

第四节　从连环画的创作媒材出发引导儿童美术创作的教学模式

连环画的创作媒材是各种各样的，连环画的创作和表现形式蕴含了丰富的材料，连环画中的视觉形象除了用水彩、水粉、油画、中国画、综合材料等，还有很多其他艺术表现形式，连环画根据媒材的性质和特点，表达出故事的意境，充满乐趣。首先利用连环画来认识材料，让孩子发现原来这些材料可以这么好玩。如《你几岁》这本很有趣的连环画是以剪纸的媒材与技法表现的。材料有色卡纸、色棉纸及杂志、画报等。用水性的绘画材料、如荷兰墨水及针管笔等西方现代绘画技法的剪贴的技法来表现，通过孩子们常见的材料给孩子展现了一个很有爱的故事，非常生动有趣。

一、教学模式探究

不同的物质材料各有其特性，材料的特性引起主题特性的感受，不同的材质创作的美术作品的意味和感觉也不一样。从媒材入手进行指导创作就是所谓的"因材施艺"，即由材料的属性联想到某物，顺应材料的特点创造出来。与绘画相比，手工要涉及的材料要多一些，因此，从材料的特性出发进行创作较多的出现于手工当中。"迁想状物"即根据眼前物体的色、形、质地联想其他的事物；"借迹造型"，是按照偶然产生的墨迹色块或颜色的特点联想涂画成为形象；而"借形造像"，是依据材料的形状构思、塑造出形象。

从材料特性出发引导创作的第一步是感受材料特性。在感受时，教师要引导幼儿应用多种感官，深入体会材料的特性，将不同的材料作比较，感受其细微的差别。在充分感受之后，进入第二步，引导儿童由材料的特性回忆、联想、想象有关的事物，可以问儿童，你看到这些材料有什么感觉呢？它们像你见过的什么东西？你想到了什么？可以用它们做什么呢？等等。教师事先要准备好材料，并确定材料的特性进行创作。在儿童有了初步的构思之后，进入第三步，开始操作。这时，教师要把握这样一点，儿童此时只是一个初步的构思。在操作时，教师可以引导儿童先做出一个形象的主体部分或有代表的部分，然后添加其他部分的细节，边构思，边制作，边修改，直到完成作品。

总之，从媒材特性出发进行创作，有利于培养儿童对材料的敏感性和艺术沟通，既适合年龄小的儿童，也适合年龄大一些的大班儿童。

二、学案例——连环画《你几岁》中班美术活动

这个连环画根据故事的发展，应用各种材料拼贴人物的造型，人物造型有父母、爷爷、奶奶、兄弟姐妹，从家庭角色延伸到周边的朋友、宠物及喜爱的事物，到大自然的景物等，皆有统一的风格。先以直线、曲线的简化造型剪出轮廓，再用针管笔勾出人物的口鼻，呈现如儿童画一般的概念化、符号化的象征造型。连环画中用的多样材料，创作出的人物造型都贴近儿童的生活，这样的素材会启发孩子有趣的想象，比如：如果是我，我会怎样表现我的妈妈，启发他们的创作欲望。本次利用《你几岁》进行连环画启发式美术教学的步骤如下。

1. 先让孩子们自主欣赏连环画，感受连环画的视觉美感。

2. 教师设计启发提问，挖掘审美特征

这本书是用问答的语言形式进行导入，儿童连环画毕竟是儿童读物，所以应该更可能的增加趣味性，教师可以采用儿歌的活泼风格，应用儿歌问答法带领幼儿欣赏故事的内容。通读故事以后，再进行人物角色的分析，透过角色的分析来导出美术欣赏的元素。如：在这本书里你有什么发现？看一看书里的人物造型是用什么做出来的？书里的角色长得跟我们一样吗？有什么不一样？最后，教师作总结：书里的画面都是作者用各种材料拼贴出来的，非常的美。我们小朋友们也来拼一拼。

3. 引导学生大胆的创作

教师拿出事先准备好的材料，本节课准备的材料有：废布料、吸管、硬卡纸、报纸、瓦楞纸、手工软面纸等。首先让小朋友们认识材料的特性、形状、颜色等，然后开始拼贴。孩子们有的将圆形的头当作创作主体的头，有的将吸管当作腿，扣子当作眼睛，因为连环画的启发，他们事先有了视觉的经验，创作中很大胆，有的小朋友边做边说：真好玩，还不停地问可以这样吗？最后孩子们的作品五花八门，千奇百怪，这正是艺术创作的魅力。

第九章 基于连环画的儿童美术创作的教育评价

第一节 儿童美术教育评价

一、儿童美术教育评价概述

(一) 儿童美术教育评价的含义

评价是指判断事物价值的过程，在字面上来理解评价应包括两层含义：评判和价值。所谓评判，就是对评价对象做出判断；价值是做出评判的基础和标准，即提醒评价者按照什么标准对以上的对象做出这样或那样的判断。教育评价是学校儿童教育的重要组成部分。教师应自觉地运用评价手段，了解教育活动对儿童发展的适应性和有效性，以利于调整、改进工作，提高教学质量。儿童美术教育评价，是有目的地、系统地对儿童美术教育课程进行考察和分析，以确定其价值和适应性的活动。儿童美术教育评价是儿童美术教育课程中的一个重要组成部分，它既是儿童美术教育课程运作的"终点"，又是它继续发展的起点，伴随着儿童美术教育课程运作的全过程。

（二）儿童美术教育评价的目的

1. 了解儿童当前达到的水平

了解儿童的发展需要，以便提供更加适宜的指导和帮助，全面了解儿童的发展情况，防止片面性，尤其要避免只重知识技能的掌握，忽视情感、社会性和实际能力的倾向。因此，儿童美术教育评价的主要目的是以发展的眼光看待儿童，既要认识其现有水平，更要关注其发展的速度、特点和倾向等，根据评价结果总结出儿童美术发展的规律和一般特征，为今后更好地设计美术教育活动提供依据，促进儿童的发展。

2. 对以往的儿童美术教育做出反思

评价的过程，是教师运用专业知识审视教育实践，发现、分析、研究、解决问题的过程，也是其自我成长的重要途径。因此，通过对教师以往的儿童美术教育工作的评价，可以及时发现美术教育过程中的新问题、新情况，以验证教师制定的美术教育目标、选择的美术教育内容、活动的组织过程等是否符合儿童的年龄特点、发展水平，从而对教育活动的各个环节做出反思，总结出成功的经验和失败的教训，促进教师专业成长。

3. 促进儿童美术教育的发展

对儿童美术教育评价的根本目的是促进儿童美术教育的发展。美术教育的发展有赖于儿童美术能力和教师美术教育质量的提高。通过对儿童美术能力及美术活动的评价和反思，教师还应根据对儿童以往发展水平的了解和自己的教育知识与经验来预测儿童未来的发展，并进一步制定出新的教标以及与之相适应的教育方案，更好地促进美术教育的发展。

总之，儿童美术教育评价目的是关注儿童和教师的可持续发展，充分体现出儿童美术教育评价的发展性功能，强调以参与评价的儿童和教师的发展为本，尽可能地使他们的素质得到整体而充分的发展，并在真实的情境中关注他们变化与成长的历程。

二、儿童美术教育评价的基本要素

（一）儿童美术教育评价的内容

儿童美术教育评价的内容要回答的是"评什么"。儿童美术的评价是一个整体的评价,从美术教育活动过程来讲,主要包括儿童美术教育活动设计评价、活动过程评价和活动结果评价。从美术教育评价功能来讲,不仅包括对儿童发展的评价,也包括对教师专业成长的评价。对儿童发展的评价,包括对他们在美术活动过程中表现的评价和对其美术作品的评价;对教师专业成长的评价,主要包括对美术教育中教师的活动设计、组织、指导和效果的评价。

(二) 儿童美术教育评价的主体与客体

1. 儿童美术教育评价的主体

评价主体即评价者。儿童美术教育评价的主体包括管理人员、教师、儿童以及家长,评价过程是他们共同参与、相互支持与合作的过程。在刚接触美术活动时,儿童不知道如何进行评价,教师作为评价的主体则可以根据美术活动的教学目标和重难点,有针对性地进行提问。这样可以让儿童在每次的美术教育活动中有所收获,逐步积累美术知识和基本技能;儿童作为评价的主体不仅是通过语言,而是通过自己的行为反应和发展变化来发表对美术教育活动的看法的。他们的行为和变化具有重要的评价意义,教师应把它看作重要的评价信息和改进工作的重要依据。

2. 儿童美术教育评价的客体

评价客体即评价的对象。从儿童美术教育过程来讲,儿童美术教育评价的对象是美术教育活动设计、实施过程、活动效果,这些都是事,而不是人。但是,由于美术教育活动设计是教师编制的,活动是教师组织、儿童参与的,活动实施效果是通过儿童(也包括教师)的变化体现的,因此,美术教育活动评价不可避免地要涉及人。在美术教育活动评价中,评价儿童不是为了鉴别儿童,而是为了检核美术教育活动的效果,为了了解美术教育活动是否适合儿童,是否能有效地促进儿童发展。评价教师的教育行为也不是为了给教师评定等级、划分优劣,而是为了探讨教育教学的规律,改进教学。因此,儿童美术教育活动评价本质上应该是一种对事不对人的评价。

(三) 儿童美术教育评价的标准和指标

1. 评价标准

所谓评价标准,是指在美术教育活动评价活动中应用于评价对象的价值尺度和界限。在儿童美术教育评价中,美术教育的总目标是评价儿童美术教育满足社会与儿童需要的程度的依据和标准。对于某项具体评价所依据的标准,应当进行深入细致的分析和理解,将它逐层逐步地具体化,以便在此基础上有针对性地建立评价的指标体系。例如,要评估儿童绘画能力发展状况,首先应当对儿童美术能力的发展有一个系统全面的认识,并根据美术教育所提出的目标,对儿童美术能力发展的总目标进行认真的分析,并将之逐步具体化为绘画教育的认知目标、情感目标、技能目标和创造目标等具体评价目标,以此作为制定评价指标体系的依据。

2. 评价指标

评价指标是教育目标的具体化,是把评价的内容中各个有关因素按照一定的层次和权重,组成一个指标体系。比如,要评价儿童在绘画活动中的创造性表现,可以通过以下四种水平的分解来组成评价活动的指标体系:①别出心裁的构思与利用材料进行造型;②重新组织以前学过的造型式样、方法与技能进行造型;③重复以前学过的造型式样、方法与技能进行造型;④按教师当时传授的造型式样、方法与技能造型。

制定评价标准是一项十分严肃而重要的工作。一定要遵循国家的教育方针、儿童美术教育的目的任务来精心研制。保育教育目标和教育工作的要求是评价幼儿园课程的基本标准,儿童美术教育评价的具体标准和指标要与其保持一致。科学的儿童美术教育评价的标准应具有以下四个基本特征:

(1) 准确性。评价标准应能保证所获得的信息是需要的、可靠的。

(2) 有用性。评价结果具有实用价值能向各类对象提供丰富的信息,并对儿童美术教育的发展、应用和推广有一定的影响作用。

(3) 合法性。评价过程应符合社会道德准则,尊重机构或个人的权益。

(4) 可行性。切实可行,投入的人力物力适宜有效。

儿童美术教育评价标准的具体化就是评价指标。儿童美术教育评价标准的制定和向评价指标转化的工作是一件难度较大的工作,可以借鉴已有的评价工具,并根据需要做一些调整。

三、儿童美术教育评价的类型

根据划分的标准不同,儿童美术教育评价的分类不同。

（一）根据评价功能的分类

1. 诊断性评价

诊断性评价是指教师在儿童美术教育活动方案的设计之前进行的测定性或预测性评价，也可以理解为对评价对象的基础或现状做出鉴定，因此，又被称为"事先的评价"。主要目的是了解评价对象的基础或现状，以便对症下药，从而使美术教育活动设计和实施具有针对性和可行性，有效地促进儿童美术能力的发展和美术教育质量的提高。诊断性评价涉及的主要内容是美术教育活动设计所包含的基本要素：活动目标的适合程度，课程内容的正确性，课程设计所涉及的儿童经验的类型，儿童发展的差异，以及创设的环境和教具学具等材料的准备等。诊断性评价是选择、设计儿童美术教育活动方案的基础。

2. 形成性评价

形成性评价是一种贯穿美术教育全过程的评价，边教学，边评价，边调整，使教育过程成为一个不断提升的过程。因此，又称"过程性评价"。形成性评价的作用在于诊断活动方案，及时调整和改进活动方案使之更为合理、提供完善信息，故此，形成性评价又可被称作"即时评价"。形成性评价充分体现了评价与教育活动的相互融合互动。例如，形成性评价可以在美术活动设计的初始阶段，提供具体而又详细的反馈信息，让美术活动设计者随时了解问题之所在；也可以在美术活动的实施阶段，对美术教育活动实施过程所表现出来的各种现象，运用测验、观察、问答等方法进行评价，提供不同儿童对活动内容的掌握程度，提出为了达到目标每个儿童还需要进一步学习哪些内容，以及教师和儿童对美术活动的态度等方面的反馈信息，指导设计者对美术活动进行调整、修改，特别是针对不同儿童的不同需要，因人而异地帮助加以改进。

3. 总结性评价

总结性评价又被称为"事后的评价"。这是在美术活动设计或美术活动实施完成之后所进行的评价，目的在于搜集资料和信息，对美术活动计划的成效，通过美术活动实施后对既定目标实现的程度做出整体评价。如在儿童美术活动之后，检查儿童最终掌握美术活动内容的程度如何，儿童各个方面是否都有一定程度的发展，最终确定不同儿童各自达到的不同水平和彼此的相对位置，并根据结果就整个美术活动设计是否有效做出结论。教师的总结性评价一般独立成文，或者结合教育反思进行总结表达。

儿童美术教育活动的诊断性评价、形成性评价和总结性评价的划分都是相对的。因为，此活动的总结性评价正是开展下一个活动的诊断性评价，形成性评价过程中也在不断地进行着诊断性评价以便及时地调整活动方案以提高活动的有效性。在实际的儿童美术教育活动评价实践中，教师们要注意灵活把握与应用。

（二）根据所表述方法分类

1. 定量评价

定量评价就是对美术教育活动用数量化的方法进行价值评定。定量评价具有标准化、客观化、讲求效率等特点。常见的形式有用数量表示评价标准、用数量描述事物现象、用数量分析事物状态、用数量表示评价结果等。通常是以上几种形式综合运用。例如：某小班老师想了解本班儿童入学一学期来绘画能力的发展状况，可以使用表格的形式在儿童绘画活动中把儿童使用的图形和颜色的种类和数量记录下来，以评价儿童的绘画表现能力，这就是一种常用的定量评价形式。

2. 定性评价

定性评价是运用分析和综合、比较与分类、归纳和演绎等逻辑分析的方法，对评价所获得的数据、资料进行思维加工，对评价资料作"质"的分析，用简明的文字评语作为各项指标的评价结果，或简单地用一个等级来表示具有多方面内容的现象。定性评价具有人文化、情境化等特点。例如：评价某教师指导儿童用纸折叠风车的美术教育能力时，定性评价结果为："能引导儿童通过观察了解风车的形状和基本结构特征，在启发儿童探索的基础上，能清晰地讲解用纸折叠风车的步骤，并能熟练、准确地演示折叠风车的方法等。"

（三）根据评价主体分类

1. 自我评价

自我评价即被评价者自己参照评价指标对自己的活动状况或发展状况进行的评价。自我评价实质上就是评价对象自我认识、自我分析、自我提高的过程。教师在美术教育活动开展后进行的自我总结就属于自我评价。自我评价易于进行,每天、每周、每学期、每年都可以进行。但是,由于外界参照缺乏统一规定,缺少与他人的思想交流,评价的客观性和教育性都受到一定的限制。

2. 他人评价

他人评价是指由其他有关方面的人员对评价对象所实施的评价,对于评价教师的教育来说,外来评价的主体主要是指专家、同行和家长。相对于自我评价来说,他人评价一般都有统一的评价标准,而且由于评价本身并不直接涉及评价者的利益,一般来说要更为客观一些。但是,要注意评价者与被评价者之间要建立和谐的关系,这是决定他人评价成效的关键。在实际的美术教育评价中,自我评价和他人评价常常是结合起来使用的。

评价儿童美术教育应该根据评价的目的和内容,选择相宜的评价类型。各种分类是相对的:形成性评价中可以包含诊断性的总结性评价;总结性评价中,也应参考形成性评价所得的资料。美术教育本身合理与否需要效果评价加以证明,效果如何的原因需要内部评价帮助寻找。通过他人评价和自我评价相结合等各种方法的有机结合,交叉验证,才能使评价者获得全面的信息,增强评价的有效性与准确性。

四、儿童美术教育评价的步骤和方法

(一) 儿童美术教育评价的一般步骤

儿童美术教育评价是项复杂的系统工程,有一些基本的过程和阶段。通常要经历以下五个步骤。

第一,集中问题。把焦点集中在所要研究的美术教育现象上。在这个阶段,评价者要确定评价什么和使用的评价类型;评价的是整个活动设计,还是其中的某个部分;是实施过程,还是最后的效果;等等。评价者要详细表明评价活动的目的和内容。

第二,设计评价方案。其中最为重要的是确定评价标准,选择评价工具,规定具体的搜集评价信息的方法和步骤,安排时间进度和评价人员的分工。在方案设计中,应尽可能地考虑如何有意识地积累评价过程本身的资料,以便使评价工作更科学、更客观。

第三,实施评价方案,收集评价信息。

第四,分析评价资料。

第五，解释资料，得出结论，做出建议。

(二) 儿童教育评价的方法

儿童美术教育评价的方法有很多，常用的有观察法、作品分析法、访谈法、档案袋法、测查法。

1. 观察法

观察法是指通过感官或辅助仪器，有目的、有计划地对观察对象自然状态的现象或行为进行系统和连续的考察、记录、分析，从而对观察对象做出评定的一种资料收集方法。观察法具有自然性和直接性，是儿童美术教育评价的常用方法。首先，观察法不需要儿童做出超出自身水平的反应，可以考察儿童在自然状态下的真实表现；其次，观察法可直接了解和客观记录儿童的行为，所得资料较少受评价者主观因素的影响；其次，评价者可以捕捉儿童美术活动中的过程，并考察儿童与周围事物的相工作量的关系。常用的观察法有行为核对法、情景观察法和现场实录等。如我们想了解美术活动是否有助于儿童形成积极的自我概念，发展自信心，可以观察评估的项目见表 9-1。

表 9-1　美术活动对儿童发展情况的评估表

评价项目	评定结果			
	经常	一般	较少	从不
1. 教师注意尊重儿童				
2. 教师使用正面的积极的语言对儿童进行评价				
3. 美术教育活动的设计与组织能帮助儿童表现能力获取成功经验				
4. 儿童乐于表现自己				
5. 儿童在美术活动中表现出自信，并具有从事美术活动的相应能力				

2. 作品分析法

所谓作品分析法，是根据儿童的各种美术作品分析其美术发展水平或检测美术教育教学活动的效果的方法。美术作品是儿童美术教育活动的结果，它清晰地反映出儿童的美术能力的水平和特点。作品是静态的，可以长时间反复地分析一幅作品或将作品放在一起对照比较，因此作品分析是一种简便易行的评价方法。

作品分析法的优点在于资料较易收集，并且具有间接性，教师有足够的时间对儿童的作业进行分析、比较，使评价更加客观准确。其缺点是，只能较多地反映当前教学的影响，而不能反映儿童稳定的发展水平，不能系统、完整地了解他们的科学素质发展水平，因此需要结合其他方式进行。

3. 访谈法

所谓访谈法，是指评价者通过与被评价者进行面对面的交谈，以口头问答的形式来获取有关评价资料的一种方法。运用此法需要访谈者对谈话内容进行记录，然后对谈话记录进行分析。访谈法的应用能较快地了解儿童美术作品中难以用直观的线条、色彩表现出来的内容，也可以较深入地了解教师设计组织美术活动的指导思想和美术教育理念。

访谈法的优点是谈话的过程灵活、深入，获得的资料直接、可靠，有利于谈话对象发挥主动性，简单易行，适用面广；缺点是样本较小，获得的资料比较难以标准化，对被调查者的心理状态不好控制，有一定的局限性，所以对访谈者素质要求很高，访谈者的价值观、态度、谈话水平、语气等，都会影响评价对象，容易导致偏差。运用访谈法应注意，访谈者首先要做好准备工作，如选择适当的访谈形式，设计好访谈提纲，了解被访谈者的情况，选好访谈的时间、地点。访谈中要与被访谈者建立良好的关系，取得其信任，在轻松、自然、亲切的气氛中进行访谈，要注意尊重访谈对象的年龄特征。

4. 测查法

测查法也称测试法，指通过预先准备的问题测查儿童的美术能力发展水平。测查法由统一的测试题目和测试程序构成，运用测查法的基本步骤是编选测试题目、准备测试材料、设计记录表格和拟定评分标准等四个步骤。测查法的优点是可以同时对大量的对象进行测试，在较短的时间内获得大量的反馈信息，便于量化和统计分析。这种评价方法大多是作为绝对评价即把某一儿童的美术作品与理想的评价标准作比较而进行的。

5. 档案袋评价法

档案袋评价法是指教师有计划、有目的、有系统地去收集各类能真实反映儿童在一时段内美术方面的具有代表性的作品和典型的表现记录，并以此为依据来分析判断他们的美术能力发展状况的方法。目前，档案袋评价方法是一种较为科学的评价方法。档案袋的记录方式一般有原始作品呈现、照片记录、文字表述、录音录像等几种形式。在儿童档案中各种资料丰富的过程中，教师不应该仅仅是欣赏者，还应该是建议者、加工者、整理者，即教师要适当地对儿童的作品进行技术处理。如将他们的泥工、纸工作品拍成照片，把他们的绘画、剪纸作品标上日期，把他们对自己作品的解释描述整理成文字并加以标注等。

儿童档案袋中最典型的内容就是儿童的作品及记录资料。档案袋评价强调真实资料的收集，通过这些资料．不仅可以让教育者看到儿童在一段时间内美术能力的成长变化、清楚地了解到他们在美术发展方面的特点，帮助教师在今后的美术指导活动中能够有的放矢，而且还可以让儿童看到自己的美术能力的成长变化。

五、儿童美术教育评价的原则

（一）客观性原则

客观性原则是指评价必须把握美术教育和美术教育评价的客观规律，实事求是，以客观事实为依据，从客观实际出发获取真实信息，依据科学的标准，对美术教育活动的过程和结果进行分析判断。

贯彻客观性原则，要求评价者确定的评价指标必须符合评价的目的要求，反映被评对象的本质特征；评价标准要合理，评价者要正确理解和把握评价标准，克服主观随意性和感情因素的影响；评价方法的选择要与评价内容的性质相适应，多种方法相结合。这样，才能使评价信息的搜集更为全面准确，评价结论更可靠。

（二）激励性原则

激励性原则是指评价应促使被评对象形成继续努力或在进一步的活动中克服不足之处，增强提高活动效果的动机或期望。这是由美术教育评价要激励评价对象前进、促进其发展的目的所决定的。

贯彻激励性原则，首先要使美术教育评价过程及其结果客观、公正、准确；其次，制定美术教育评价目标和具体标准时要从评价对象的实际出发，充分考虑评价对象的客观环境和条件，不要过高或过低；再次，要求评价的实施者注意评价对象个体的心理状态，了解并尊重评价对象的意见，及时反馈评价结果，以激发评价对象在进一步的活动和教育过程中保持优势、克服不足之处的动机和行为。

(三) 实效性原则

实效性原则是指评价要有实际作用，即要有指导美术教育实际、改进工作的效用。如果美术教育评价活动不能帮助被评对象找出工作或学习中的问题，并对其改进提出有价值的帮助，那么这种评价就不具有现实意义。

贯彻实效性原则，要做到有评价就要有改进的行为表现，措施到位，落实有效，使评价能够快速取得切实的效果，从这个角度说，也就是实现了评价应有的价值。

(四) 尊重性原则

尊重性原则是指在美术教育活动评价的实施中应充分体现对被评价者的尊重。对儿童美术能力发展的评价应当坚持客观、公正的态度，同时体现发展与正面教育，以帮助儿童发现、发扬长处，弥补不足，对美术教育活动中教师的评估和鉴定，也要体现尊重原则。因为评价的目的不是甄别和选拔。评价者应善于发现、充分肯定教师在教育活动中的成功和创新之处，也可以让被评价者一起参与评价，从而激发教师主动进行教育活动后的自我反思，加强对美术教育活动的调整和再探究。

贯彻尊重性原则，要求活动评价应该建立评价者和被评价者之间的平等关系，使评价更好地体现出客观性、公正性，以达到评价促进美术教育活动改革和提高美术教育活动质量的作用。

第二节　儿童美术教育活动设计评价

一、儿童美术教育活动设计评价的目的

美术教育活动设计评价是依照国家法律法规、美术教育目标和课程要求，检查活动设计方案在目标、内容、环境、材料、组织指导策略等方面的适宜性。设计儿童美术教育活动方案是美术教育活动工作的第一步，对于实现教育目标

具有举足轻重的作用。因此，美术教育活动设计可行性的评价有着重要的作用。

评价儿童美术教育活动设计主要了解两个方面的情况：第一，活动设计及其中的各个要素、部分是否依据了科学的原理、原则，是否以正确的课程理论为指导；第二，活动设计内容结构是否合理，各个要素之间是否具有较高的内部一致性，是否符合原先的指导思想。因此，评价活动设计的主要目的是使教师及时调整和改进活动设计中不适宜的要素，使美术教育活动设计更为完善。

二、儿童美术教育活动设计评价的内容

对儿童美术教育活动设计评价的内容一般包括对活动目标的评价、活动内容的评价、活动策略的评价和活动环境创设及材料准备评价等。

（一）儿童美术教育活动目标评价

儿童美术教育活动目标是指教师期望活动所达成的教育结果。活动目标是美术教育活动的起始环节，是开展美术教育活动的出发点和归宿，它规定了美术教育活动预期所要获得的某种效果，是教育活动内容选择、方法运用、效果评价的依据和准则。评价儿童美术教育活动目标可从以下四个方面来进行。

1. 活动目标应该符合学期目标。
2. 活动目标的表述应当具有统一性。
3. 活动目标的构成应该包含认知目标、情感目标、技能目标和创造目标等。
4. 活动目标的确定要具体，操作性强。

这样的目标不仅能够使评价者根据目标来判定儿童达到目标的程度和效果，而且还能有利于教师在活动指导过程中明确目标，能够随时根据儿童语言、行为、态度等的反馈信息调整指导策略，有效完成目标任务。

（二）儿童美术教育活动内容的评价

美术教育活动内容是美术教育活动目标得以实现的重要载体。应该"既考虑儿童的现有水平，又有一定挑战性；既符合儿童现实需要，又有利于其长远发展；既贴近儿童的生活来选择儿童感兴趣的事、物和问题，又有助于儿童经验的积累和视野的拓展"。根据儿童身心发展规律及国家规定的要求，对美术教育活动内容的评价主要有以下四个方面：

1. 活动内容应该与活动目标相一致。

2. 活动内容应适合儿童的最近发展区。

3. 活动内容应该贴近儿童的生活。

4. 活动内容应该体现整合的理念，尽可能地向其他领域有机渗透。

（三）儿童美术教育活动策略评价

儿童美术教育活动策略是实现儿童美术教育活动的重要方法措施。对美术教育活动策略的评价主要有以下四个方面：

1. 教学方法符合教学活动目标、内容和符合本班儿童年龄特征，引导儿童在感知、体验，发现的过程中主动学习，有探究、思考的余地，为儿童所喜爱，能调动儿童学习的积极性，并能有效地达到目标。

2. 教育活动组织形式应根据需要合理安排，灵活运用集体活动、分组活动、个别活动、分组后集体或先集体后分组等不同形式，为儿童提供多样化的学习机会和条件，提高效益。

3. 活动过程的结构应该严密，层层递进，环环相扣，要充分接纳和尊重儿童的个体差异和体现教师与儿童之间的互动。

4. 合理综合、有创新地运用视频、声音、图片等多种媒体手段，体现现代教育思想，体现情趣性、操作性、直观性、形象性、审美性。

（四）儿童美术教育活动资源选择与运用的评价

美术教育资源的范围很广，主要包括有利于美术教育活动进行的物质环境和适合儿童美术表达表现的操作材料，是儿童美术教育活动达到预期目标的重要物质保证。教育资源的选择与运用的评价应从以下三个方面进行。

1. 能够有效达成美术教育活动目标、贴合活动内容。如教育资源是否紧扣目标、是否有利于儿童美术能力的发展、是否有趣等。

2. 创设的空间设备、选用的教具、美术操作材料要适合于美术教育活动的展开。如空间桌椅的排列是否有利于儿童观察，提供的教具是否具有典型性，材料在数量上能否保证活动顺利进行等。

3. 选用的学具应适合儿童操作。如学具的安全性、易操作性、是否适合他们的能力水平等。

总之，对儿童美术教育活动设计进行评价，要对儿童美术教育活动系统中的每个相关因素做出充分、合理的思考与评价、调整，才能真正确保和促进儿童美术教育活动优质高效地发展。

三、儿童美术教育活动设计评价的标准

儿童美术教育教育活动有着不同的类型，对不同类型的活动方案的评价也有不同的指标。儿童集体美术教育活动方案评价的内容包括对教育理念、活动目标、活动内容、活动策略、环境创设及材料准备等五个方面的内容。下面推荐儿童教育活动方案评价表（表9-2）。

表9-2 儿童教育活动方案评价表

评价内容	项目	评价标准	优	良	一般	差	评分
教育活动方案评价	对教育活动目标的评价（0.30）	目标适合儿童身心发展的实际水平，包括儿童的一般年龄特征及具体教育对象的实际（0.15）	5	4	3	2	
		目标着眼于儿童的发展，适应儿童已有的发展水平和促进其达到新的发展水平（0.20）	5	4	3	2	
		目标包含情感、态度、能力和知识技能几个方面（0.20）	5	4	3	2	
		目标考虑了满足社会的要求和社会生活的需要（0.10）	5	4	3	2	
		目标明确、具体，可操作性强（0.15）	5	4	3	2	
		目标与上一层的目标相一致（0.20）	5	4	3	2	
	对教育活动内容的评价（0.25）	活动内容与活动目标相一致（0.10）	5	4	3	2	
		活动内容体现以儿童为主体，内容全面、适量（0.20）	5	4	3	2	
		活动内容具有科学性，体现各个领域各个学科的特点，适合儿童年龄特征；过程层次清楚，环节安排合理，衔接自然紧凑，重点难点突出（0.30）	5	4	3	2	
		活动内容符合本班儿童学习与发展的需要与兴趣，重视创新精神和实践能力的培养，注重个别儿童教育（0.30）	5	4	3	2	
		活动内容具有本地或本校适宜性（0.10）	5	4	3	2	

续 表

评价内容	项目	评价标准	评价等级 优	良	一般	差	评分
教育活动方案评价	对教育活动策略的评价（0.30）	教育活动的组织形式应根据需要合理安排，灵活运用集体活动、分组活动、个别活动、分组后集体或先集体后分组等不同形式，为儿童提供多样化的学习机会和条件，提高效益（0.25）	5	4	3	2	
		活动过程的结构应该严密，层层递进，环环相扣，要充分接纳和尊重儿童的个体差异和体现教师和儿童之间的互动（0.25）	5	4	3	2	
		教学方法符合教学活动目标、内容和符合本班儿童年龄特征，引导儿童在感知、体验、发现的过程中主动学习，有研究、思考的余地，为儿童所喜爱，能调动儿童学习的积极性，并能有效地达到目标（0.30）	5	4	3	2	
	对教育活动策略的评价（0.30）	合理运用现代教育手段。如运用视频、声音、图片等多种媒体手段，体现现代教育思想，体现情趣性、操作性、直观性、形象性、审美性（0.20）	5	4	3	2	
	对教育活动环境创设及材料准备评价（0.15）	能根据教育目标创设活动环境，准备活动材料（0.25）（1）能围绕内容准备材料，数量充足，有层次，为儿童提供充分参与的机会和条件（0.60）	5	4	3	2	
		（2）能反映本活动的教育的任务与内容，向家长提供各种丰富的教育信息（0.40）	5	4	3	2	
		（3）保障儿童的安全（0.35）	5	4	3	2	
		（4）满足儿童身心发展的基本需要，适宜儿童身心发展的水平与特点（0.40）	5	4	3	2	

注：（1）评分方法：①每一个大项的得分：每一个小项的得分乘以该项的权重（括弧里的数值）并相加，如目标评价里的所有6项前4个小项是5分，后两个是4分，算法为5×0.15＋5×0.2＋5×0.2＋5×0.1＋4×0.15＋4×0.2＝4.65；②总得分：每一大项的得分乘以该项的权重并相加。

（2）评价等级：采用5分制。优为5分，良4分，一般3分，差2分及以下。

第三节　儿童美术教育活动过程评价

一、儿童美术教育活动过程评价的目的

儿童美术教育活动过程评价是对儿童美术教育活动过程中教师的教育行为、儿童的学习行为及目标完成的情况的评价。通过对活动过程的评价，一方面可以获得美术教育活动方案对儿童的适宜性的信息，另一方面可以了解影响美术教育活动效果的因素，为教师修订和改进现有的美术教育活动提供客观依据，提高教师的美术教育水平。最终达到促进儿童发展的美术教育目的。

儿童美术教育活动过程评价一般是从教师美术教育行为和儿童美术学习行为表现两方面进行的。

二、教师美术教育行为评价的内容和标准

（一）教师美术教育行为评价的内容

对教师美术教育行为的评价是指在美术教育活动过程中，以教师美术教育行为为对象，对其效果给予价值上的判断。对教师美术教育教学行为评价的直接目的，是对以往的教学经验进行反思，为修订和改进现有的美术教育活动提供客观依据，使教师将最有价值的美术教育活动呈现给儿童，最大限度地促进儿童的发展。同时，帮助提高教师自身的美术教育水平，获得专业成长。最终目的是促进儿童的发展。

对教师教育行为进行评价的主要内容包括：

1. 教师是否有了解本班每个儿童的美术发展及其身心发展状况的能力。
2. 教师是否有把握美术教育活动目标的能力。
3. 教师是否有选择恰当的美术教育活动内容的能力。
4. 教师是否有组织美术教育活动的能力。
5. 教师是否有创设美术教育活动环境的能力。
6. 教师是否有指导儿童进行美术创作和表现的能力。
7. 教师是否有评价儿童美术活动结果的能力。

（二）教师美术教育行为评价的标准

对教师美术教育行为评价的内容和主体是多样的，其评价的指标也不同。下列推荐的一个教师组织教育教学情况评价表，主要侧重于评价教师在组织实施教育活动的过程中的主要教育行为。学校校长或儿童家长对教师以及教师相互之间的评价，都可用这一评价表进行（表9-3）。

表9-3 教师组织教育教学情况评价表

教师姓名：　　　　　　　　　　　　　　　　　　　　　年　月　日

		评价标准（优等标准）	评分等级			等级	分项得分
			优	良	一般		
直接教育	活动目标	根据国家规定的小学课堂标准确定教育目标	4	3	2		
		先确定目标，再根据目标选择内容、方法	3	2	1		
		目标稍高于本班儿童现有水平	3	2	1		
	活动条件	根据教育目的、儿童的实际水平和兴趣，以循序渐进为原则，有计划地选择和组织教育内容	3	2	1		
		围绕教育内容准备设备、材料，并为儿童创设、提供充分参与、交流的条件、机会	4	3	2		
		教师关注和肯定每个儿童的努力和进步，理解、接受儿童的表现，允许儿童保留自己在学习方法上的个人特点和按自己的速度与方式学习发展	5	3	1		
		建立良好的学习常规，教师收放有度，儿童活而不乱	5	3	1		
	活动方式	教师为儿童创设必要的条件，提供可以探索和交往的丰富刺激、轻松愉快的环境，帮助儿童在积极探索、相互交往中组织自己的思维	5	3	1		
		活动的发展层次分明，过渡自然，引导儿童从不会到会	5	3	1		
		指导方法符合所学内容的特点儿童的学习特点	5	3	1		
	活动结果	多数儿童能完成学习任务，每个儿童在自己原有基础上有提高	4	3	2		
		儿童情绪愉快、感知敏锐、思维活跃、想象丰富、记忆较牢	3	2	1		
		儿童之间的差距在逐渐缩小	3	2	1		

三、儿童美术学习行为评价的内容和标准

（一）儿童美术学习行为评价的内容

儿童的美术活动行为过程是他们把握世界的一种方式，也是进行情感表达

与交流的工具，更是他们喜欢的一种游戏活动。对儿童美术学习行为评价是指在儿童美术教育活动过程中，以儿童美术学习行为为对象，对其效果给予价值上的判断。儿童的美术学习行为的表现因其年龄的不同而有差异，反映了儿童多项发展的特质。对儿童学习行为表现的评价分析，主要目的是"了解儿童的需要，以便提供更加适宜的帮助和指导"，为儿童今后的发展做出预测，制定下一步发展的新目标。

在美术学习活动过程中，儿童调动的是他们的全部心理能量，倾注了他们的全部热情与智慧，在与美术媒介的相互作用中，建构自己的审美心理结构。儿童在美术活动中的学习行为表现过程是其对表达周围事物的认识与感受的一种形式。因此，对儿童美术学习行为的评价应全面考察儿童综合素质，即对儿童的情感、态度、能力、认知经验等多方面的发展进行评价。切忌单纯检查儿童对美术知识的记忆和技能的掌握，而忽视对儿童终身发展有利的因素。

在集体美术教育活动中，教师主要对儿童在活动中的情绪、情感状态，学习能力表现和知识技能的掌握等三个方面的学习行为表现进行评价。

1. 儿童参与活动的情绪、情感状态。

儿童在活动中是否始终情绪饱满，注意力集中，是否爱探索，主动与材料互动等，都可反映出孩子的学习状态与学习水平。而且，儿童在活动中注意力的表现能直接反映出教育内容、材料和方法的选择是否恰当。

2. 儿童的学习能力表现。

学习中儿童是否观察仔细，是否爱动手操作，是否主动与材料互动，是否以多种方式与多种材料互动，是否主动与人交流，是否提问，是否积极回答教师或其他儿童提出的问题等，都可反映出孩子的学习状态与学习水平，这也是判断儿童学习能力的重要指标。

3. 儿童对知识技能的掌握。

学习中儿童对所学美术内容是否关注、有兴趣，是否在活动中积累了有益经验，是否达成了目标的要求。可对照预定目标逐条检验完成的情况，了解活动实现预定目标的程度，并关注儿童美术活动还有哪些新的教育价值。

（二）儿童美术学习行为评价的标准

美术活动过程是从某一艺术表现的构思到完成作品的过程，其中既有内部的心理活动，又有外部的行为表现，这两方面在实际活动中是融为一体的。为了使评价易于操作，我们推荐一个评价的参考标准。这一评价标准从情感态度、方法技能、知识能力等方面出发，把儿童在美术活动过程中的表现具体分为九个方面，每个方面又分为四种水平的行为表现，评价者能够迅速准确地确定儿童的行为表现的情况（表9-4）。

表9-4 儿童美术活动表现情况评价表

1. 构思方面	构思方面是观察和评价儿童是否能在创造之前预先想好创造的主题和内容的标准。儿童在这方面的行为表现可以分为以下四种水平或四种类型： （1）事先构思出主题和主要内容，动手之后围绕构思进行创造； （2）预想出局部内容，完成一项后再做新计划； （3）动笔后构思，由动作痕迹出发，想到什么画什么； （4）只有动作活动，没有形象创造，表现为在纸上随意涂抹或反复掰泥、撕纸。
2. 主动性方面	主动性方面是观察与评价儿童在发起和投入美术活动时的情况的标准，具体可分为以下四种水平： （1）由自身兴趣、愿望支配，自动进行美术活动； （2）由特定材料引发，开始进行美术活动； （3）看到别人从事美术活动，自己跟着做； （4）在成人的要求下开始美术活动。
3. 兴趣性方面	兴趣性方面是判断儿童是否情愿投入美术活动，在活动中是否有热情，感到愉快和满足的标准，具体分为以下四种水平： （1）自动从事美术活动，对美术活动灌注极大热情，完全沉浸在活动之中，默默无语； （2）欣然从命，愉快地从事活动，在做的过程中会自言自语地流露出愉快之情； （3）对美术活动迟疑不前，活动中企图离开或张望别人做什么； （4）拒绝参加美术活动。
4. 专注性方面	专注性方面是观察评价儿童对美术活动的注意集中与持久的程度的标准，具体分为以下四种水平： （1）能较长时间持续从事已选定的活动，不受外界的影响，有时甚至第二天接着干； （2）能在同年龄儿童一般可维持的时间内持续从事活动，中途偶有离开的现象发生，但还会自动回来，直到活动完成； （3）需要鼓励，才能把活动进行完毕； （4）不能把活动进行完，中途改变活动。

续 表

5. 独立性方面	独立性方面是判断儿童能否自己决定活动任务并完成任务的标准，具体分为以下四种水平： （1）自己决定活动任务，解决问题，拒绝别人干涉，独立完成任务； （2）主动请教他人，考虑别人的建议，然后自己完成任务； （3）模仿他人完成自己的作品； （4）接受并在他人的帮助下完成作品。
6. 创造性方面	创造性方面是判断儿童在美术活动中是否具有独创和表现意识与能力的标准，具体分为以下四种水平： （1）别出心裁地构思与利用材料进行造型； （2）重新组织以前学过的造型式样、方法和技能进行造型； （3）重复以前学过的造型式样、方法与技能进行造型； （4）只按教师当时传授的造型式样、方法与技能造型。
7. 操作的熟练性方面	操作的熟练性方面是判断儿童从事美术活动时动作是否灵活、准确的标准，具体分为以下四种水平： （1）掌握工具姿势正确、轻松，操作动作连贯、迅速、准确，一次完成动作，作品质量好； （2）掌握工具姿势正确，操作动作平稳，但欠准确，中途修改，作品质量较好； （3）掌握工具动作正确但笨拙，操作动作迟缓，准确性差，有失误不知修改，作品显得粗糙； （4）掌握工具的姿势笨拙有误，只有重复性动作，不能完成作品。
8. 自我感觉方面	自我感觉方面，是判断儿童对自己美术成果的看法如何的标准，具体分为以下四种水平： （1）自己认为很成功，主动请别人看自己的作品，并讲解作品的含义，能慷慨地将作品赠人； （2）对自己的作品感觉满意，但不主动展示，听到别人的称赞感到愉快，希望保留作品； （3）认为不太成功，接受别人的看法，希望将作品交给老师； （4）感到沮丧，对别人的反应无动于衷或抵触，对作品去向不关心或毁掉作品。

续表

9. 习惯方面	美术活动中的习惯是多方面的，习惯可以指个人的习惯做法、美术风格等，也可指大家都要自觉遵守的惯例和秩序。这里讲的是后者，共提出两项，目的在于判断儿童在美术活动中能否有步骤、有秩序地工作。 一是工作的顺序性方面，分以下四种水平： （1）有顺序、有步骤地完成作品； （2）弄错步骤，发现后主动纠正，完成作品； （3）想到什么就做什么，混乱中完成作品，作品有缺陷； （4）只完成局部，作品半途而废。 二是保持工具、材料的秩序方面，分以下四种水平： （1）保持工具、材料的固定位置，用时取出，用后放回； （2）大致保持原位置，错放后能找到； （3）一片混乱，用后乱放，取时找不到； （4）不会取放，拿到什么用什么。

四、评价儿童美术教育活动过程的注意事项

（一）明确评价的目的，尊重儿童和教师的个体差异

儿童美术教育活动过程评价一般从教师美术教育行为、儿童美术活动表现等方面进行，评价虽然需要提供对儿童当前美术发展水平或教师美术教育能力的反馈，但评价的目的绝对不是给儿童或教师贴上等级的标签，或为儿童或教师排队，主要目的是为了教师了解自己的教育工作成效，以便根据儿童的发展需要，有针对性地选择教育内容和指导策略，促进儿童综合素养的提高。

另外，儿童的发展和教师的专业能力存在着个体差异，评价者必须给予承认，而且要关注他们的个体差异，正确看待评价结果，注重对每个评价对象自身的纵向比较，发现他们的进步，勿用统一的标准评价不同的对象。

（二）评价时机全程化、评价活动经常化

儿童美术教育活动过程评价儿童美术教育评价的组成部分，评价的目的是促进儿童发展和教师专业发展，因此不能在学习过程结束后进行评价，必须将评价贯穿于教育过程之中，随时关注儿童和教师在整个活动过程中的行为表现，及时做出评价，并给予适宜的指导。

对美术教育活动过程的评价应成为经常性的工作，它既有利于教师自身的专业成长，又有利于及时调整教育活动目标，促进儿童的发展。评价要以评价

儿童或教师真实的教育活动为基础，通过自然观察、作品分析等方法获取大量信息，全面反映儿童或教师的发展状况，勿以一次的观察结果轻易下结论。

（三）以教师自评为主，评价方法自然化

从促进儿童发展和教师专业水平，提高教育质量的目的出发，儿童美术教育活动过程评价应成为教师一种自觉的行为。所以，提倡以教师自评为主，要求教师经常对照评价指标反思自己的教育行为。如在每个活动方案的最后增设"活动评价"一栏，有利于教师养成经常自评的习惯。

第四节 儿童美术作品评价

一、儿童美术作品评价的目的

儿童美术作品是儿童美术教育活动的结果，是儿童操作美术媒介创造出的可视的平面或立体的艺术形象，表达其对周围事物的认识与感受的一种形式。它清晰地反映出儿童的美术能力、水平和特点，也一定程度上反映出教师美术教育专业能力。对儿童的美术作品的评价实际上既是对儿童美术发展能力的评价，也是对教师美术教育能力的评价。因此，对儿童美术作品的评价多被当作对儿童美术教育活动结果的评价，用来评价活动成效达到预定目标的程度，对儿童美术作品评价具有重要的意义。

罗恩菲尔德在他的名著《创造与心智的成长》一书中认为："对儿童作品施以评价只是使老师更透彻地了解儿童的成长而不是以学生的缺点和优点来困惑他们，前者能帮助老师了解学生的创造意图和其他生活情形，后者徒然使儿童对寻找自我和创造表现丧失信心……任何评价，只有能帮助老师了解儿童，并有效地提示儿童从事创作，才有意义。"罗恩菲尔德的这番话对我们把握儿童美术作品评价的目的不无启发。因此，我们认为对儿童美术作品进行评价的主要目的是了解儿童的美术表现能力、水平和特点，为儿童今后的发展做出预测，制订下一步发展的新目标，并制订与此相适应的教育方案，以确保发展目标的实现。

二、儿童美术作品评价的内容

儿童美术与成人美术不同，儿童美术作品反映了儿童对其周围世界的认识和情感。因此，可以从以下三方面的内容评价儿童美术作品。

1. 从儿童美术作品表现的内容、了解儿童他们的思想、情感

从情感表现角度看，儿童美术是他们进行情感表达与交流的工具，其美术作品中充满了情感色彩。因此，从儿童美术作品表现的内容，可以评价他们的思想、情感。儿童在美术活动中不自觉地把自身的情感灌注到审美对象上，把自身无意识的心理内容转移到对象之中，通过感知和想象，有意无意地驱使客体形象的形、神朝着特定的方向和情境变化，使其自然而然地带有儿童自身的情感色彩，具有儿童自身的情感基调所规定的意态状貌和情趣氛围。

2. 从儿童美术作品的表现能力，了解儿童智慧发展情况

从认知角度看，儿童美术是儿童把握世界的一种方式，也是儿童发展的一种表现。因此，从儿童美术作品的表现能力，可以评价他们整体智慧发展情况。

3. 从儿童美术作品的表现形式和完成的过程，了解儿童的个性特征

儿童的美术活动是一种自由自主的活动，是儿童的个性表现的途径。因此，从儿童美术作品的表现形式和完成的过程，可以了解儿童的个性特征。在儿童的涂色活动中，有的儿童作品涂色饱满均匀，说明孩子具有耐心细心的品质；有的儿童作业做了一会儿就不想做了，作业上涂色马虎，质量不高，说明孩子缺乏持久力；性格活泼开朗的孩子喜欢暖色调，画的图画粗犷大胆；性格安静内向的孩子多喜欢冷色调，画的图画细腻、精致。

三、儿童美术作品评价的标准

（一）儿童美术作品的主观评价标准

罗恩菲尔德认为，儿童的身心发展与成长是通过美术表现体现出来的，他将美术作品中所反映的儿童的感情、智能、身体动作、知觉、社会性、美感、创造性七个方面的发展作为评价的标准，并结合不同美术发展阶段中儿童美术发展的特点，把这七个层面的成长情况具体化，从对其成长方面为评价儿童美术作品制定了主观的评价标准（表9-5）。

图 9-5　儿童美术作品的主观评价表

评价项目	成长的属性	很少	一些	很多
感情的成长	非定型的表现 非概念性的表现 经常改变的表现符号 自我经验的表现 自由地使用线条和笔触			
智能的成长	包含许多细节 色彩有变化 其他主动知识的呈现			
身体动作的成长	视觉和动作的协调 身体动作的表现 身体意向的投射 技巧熟练			
知觉的成长	视觉经验的表现：光、影、空间透视、颜色变化 非视觉经验的表现：触觉、纹理组织、听觉 运动经验的表现：在作品中反映自己的经验			
社会性的成长	体验他人的需要 呈现社会环境的特征 参与团体制作 欣赏其他文化 乐于与人合作			
美感的成长	思想、感情和知觉的统整 对于色彩调和的敏感性 对于纹理调和的敏感性 对于线条调和的敏感性 对于形体调和的敏感性 喜爱装饰性的设计			
创造性的成长	独创而不抄袭 独创而不模仿他人的风格 独创的内容 表现方式与他人不同 作品整体与他人不同			

(二) 儿童美术作品的客观评价标准

罗恩菲尔德认为，儿童的身心发展与成长是通过美术表现体现出来的，评价儿童的美术作品应不仅从儿童的成长这一角度来评价儿童的美术作品，还要从发展的阶段、技巧、作品的组织三个方面来进行客观的评价。但是，这一客观评价只是主观评价的补充而已。因此，他又从发展阶段、技巧和作品的组织等三方面为儿童美术作品制定了客观的评价标准，可以作为我们制定客观评价标准的参考（表9-6）。

表9-6 儿童美术作品的客观评价表

评价项目	评价标准	评价等级		
		很少	一些	很多
发展阶段（表现是否符合所属阶段特征）	人物 空间 色彩			
技巧	所用技巧适于表现 所用技巧是作品整体的一部分 作品中所呈现的努力程度			
作品的组织	作品的一部分有细节表现 作品的一部分表现了真实环境 作品的一致性 作品任何改变影响作品意义的程度			
自我体验程度		是	否	
1. 经常的定性重复				
2. 偶然的定性重复				
3. 只是客观的报告				
4. 在客观报告中增加特殊的特征，包含一些自我				
5. 直接或间接的包含自我				

参考文献

[1] 程佳. 1950年代上海连环画业的改造[J]. 档案春秋, 2017, (02): 9-14.

[2] 褚易. 多元智能视角下的儿童美术实践探析[D]. 沈阳: 沈阳师范大学, 2017.

[3] 党亚芳. 论儿童美术教学发散性思维培养[J]. 美术教育研究, 2017, (18): 146.

[4] 东升杯全国连环画征稿大赛[J]. 中国美术, 2017, (01): 161.

[5] 俸金惠. 让孩子有感而发——关于儿童美术技法教学的几点体会[J]. 中国校外教育, 2017, (13): 8-10.

[6] 葛英芬, 杨剑龙. 论姚有信连环画对鲁迅《伤逝》人物形象的塑造[J]. 绍兴文理学院学报: 哲学社会科学版, 2017, 37 (05): 39-43.

[7] 耿珊. 当代儿童美术教育类APP的现状研究[D]. 北京: 中央美术学院, 2017.

[8] 耿英. 浅谈新形势下连环画出版的"返老还童"[J]. 今传媒, 2017, 25 (07): 91-92.

[9] 韩斯佳. 简论鲁迅小说《头发的故事》的连环画改编[J]. 湖州师范学院学报, 2017, 39 (07): 76-81.

[10] 何振浩. 笔墨与影像: 上海连环画创作的风格嬗变——潘蘅生的连环画艺术研究[J]. 上海文化, 2017, (06): 81-86+126.

[11] 贺绚. "架上连环画": 连环画本体语言的当代转向[J]. 美术, 2017, (07): 24-25.

[12] 黄继谦. 儿童美术读物的"西洋化"问题及其对策 [J]. 美术观察, 2017, (02): 22-23.

[13] 金环. 儿童美术与科学探究融合的教学实践探索 [J]. 教学月刊小学版（综合）, 2017, （06）: 54-57.

[14] 康兴洁. 赫伯特·里德工具论在儿童美术教育中的探究与应用 [D]. 沈阳: 沈阳师范大学, 2017.

[15] 刘守华. 档案觅痕：北京旧连环画经营改造 [J]. 档案春秋, 2017, （06）: 28-33.

[16] 刘洋. 论罗恩菲德美术观视图下的当代儿童美术教育 [J]. 美术教育研究, 2017, （17）: 104-105+108.

[17] 罗名清. 儿童美术理论在学前教育专业中的美育功能 [J]. 美术教育研究, 2017, （06）: 122.

[18] 马倩雯. 浅析学前儿童美术教育及其教学方法 [J]. 科教文汇（中旬刊）, 2017, （08）: 101-103.

[19] 梅江. 儿童美术读物的西化倾向 [J]. 美术观察, 2017, （02）: 22.

[20] 潘晶. 西安市校外儿童美术教育现状初探 [J]. 知识经济, 2017, （12）: 139-140.

[21] 潘兆福. 关于儿童美术教学中想象力培养的思考 [J]. 美与时代（中）, 2017, （04）: 109-110.

[22] 秦雯. 浅谈学前儿童美术教育中的创造力培养 [J]. 美术教育研究, 2017, （08）: 151.

[23] 孙石磊. 连环画与微信图文形式的审美嬗变——从纸媒时代到自媒体时代的图像传播 [J]. 河北民族师范学院学报, 2017, 37（03）: 70-76.

[24] 唐姣姣. 儿童美术与绘本创意教学研究 [J]. 教育观察, 2017, 6（18）: 132-133.

[25] 王冰. 场域观照下中国连环画的发展与变迁 [J]. 中华文化论坛, 2017, （02）: 135-141.

[26] 王娜, 张瑞卓, 杨莉. 幼儿绘本阅读在农村幼儿美术教育中的问题及对策分析 [J/OL]. 北方文学（下旬）, 2017, （05）: 239（2017-05-26）.

[27] 王任梅. 试论儿童美术的本质与特点 [J]. 早期教育（教科研版）, 2017, （Z1）: 25-28.

[28] 王稳. 论儿童美术教育的反思与完善 [J]. 艺术评鉴, 2017, （18）: 115-116+121.

[29] 王英全, 刘玥言. 连环画艺术在现代视觉文化传播中的应用研究 [J]. 大众文艺, 2017, （13）: 83.

[30] 王玥. 一位出版人历数连环画变迁中国连环画的昨天、今天和明天 [J]. 中国艺术, 2017, （07）: 30-35.

[31] 魏华, 朱金金. 民间美术与连环画表现手法研究 [J]. 设计, 2017, （15）: 140-141.

[32] 吴敏. 论儿童美术与成人美术的区别 [J]. 读与写（教育教学刊）, 2017, 14（03）: 242.

[33] 殷鑫. 浅析油画形式连环画的发展与创新 [D]. 石家庄: 河北师范大学, 2017.

[34] 张晓英. 论鲁迅小说《狂人日记》的连环画改编 [J]. 湖北文理学院学报, 2017, 38（06）: 65-70.

[35] 张勇锋. 纠偏与规训: 建国初期的连环画媒介批评 [J]. 现代传播（中国传媒大学学报）, 2017, 39（01）: 68-73.

[36] 赵连连. 苏武题材连环画创作简论 [J]. 西安石油大学学报: 社会科学版, 2017, 26（02）: 102-106.

[37] 周佰胜. 浅谈儿童美术创新思维的培养 [J]. 艺海, 2017, （01）: 99-100.

[38] 周顺利. 论建国以来大陆出版的连环画文献价值 [J]. 黑龙江科技信息, 2017, （07）: 257.

[39] 朱丽雯. 1949-1989年传统题材连环画创作研究 [D]. 北京: 北京印刷学院, 2017.